Laure de Chantal et Xavier Mauduit

Crapoussin & Niguedouille

La belle histoire des mots endormis

Stock

Couverture Atelier Didier Thimonier
Graphisme Hélène Crochemore

ISBN 978-2-234-08431-5

Introduction

Les beaux mots endormis : tel pourrait être le titre d'un conte de fées dans lequel la princesse serait la langue française et le prince charmant un lexicographe.

Qu'est-ce qu'un mot qui sommeille ? Un mot qui n'est plus utilisé dans la langue de tous les jours. À moins de faire une thèse sur les chevaliers paysans de l'an mil au lac de Paladru, comme Agnès Jaoui dans le film d'Alain Resnais *On connaît la chanson*, il est normal de ne pas parler quotidiennement de palafittes, ces constructions lacustres sur pilotis. À l'inverse, d'autres mots ne sont plus employés alors qu'ils seraient très utiles pour enrichir notre quotidien. Au lieu du très vilain : « Tiens, il fait plus beau », mieux vaut réveiller le verbe « abeausir » : « Le ciel s'abeausit, s'éclaircit. »

Les dictionnaires regorgent de dizaines de milliers de mots, environ soixante mille pour *Le Petit Robert*, autant pour *Le Petit Larousse* dans leur dernière édition. Étonnamment, le huitième *Dictionnaire de l'Académie française*, en 1935 – le neuvième est en cours – n'en propose que trente mille quand le Littré en liste des centaines de milliers. Pour se débrouiller dans la vie de tous les jours, il n'est pas nécessaire de maîtriser un nombre gigantesque de mots. Avec deux ou trois centaines, il est possible de se faire comprendre pour soutenir une conversation banale. Quelques milliers de mots suffisent à un adulte averti et s'il en connaît plus il ne les utilise pas tous. Quand nous savons que le mot « immarcescible » désigne ce qui ne peut se flétrir, nous avons bien du mal à le placer dans une conversation. Pourtant, nous avons tous d'immarcescibles souvenirs de vacances...

L'échelle orthographique Dubois-Buyse a été mise en place dans les années 1940, dans un but pédagogique, depuis maintes fois actualisée. Elle classe, par échelons, les mots d'usage courant, 3 787 exactement, qui doivent être maîtrisés à l'école, selon les classes et les âges. Au premier échelon, quatre mots : « maison, papa, rue, porte ». Au deuxième échelon, l'exercice est plus complexe : « avec, deux, terre », et « maman » n'arrive qu'au troisième échelon. Il en va ainsi jusqu'au quarante-troisième avec « bâiller » et « dahlia ». Tous les mots de l'échelle orthographique Dubois-Buyse sont d'un usage courant. Ici, pas de mots rares, mais tous les maîtriser dénote une bonne connaissance de la langue : un lycéen utilise entre huit cents et mille six cents mots de vocabulaire même s'il en connaît souvent plus. Ce sont toujours les mêmes qui reviennent. Un adulte en mobilise au mieux trois mille et conserve un stock plus ou moins grand.

La langue est vivante, les mots le sont tout autant : ils apparaissent soudainement, parfois sans que l'on sache pourquoi ; ils connaissent le succès ou restent sagement à leur place. Dans certains cas, ils changent de sens et forment d'autres mots. Après une belle carrière, ils partent à la retraite et sont remplacés par d'autres, plus jeunes. Ils donnent un coup de main de temps en temps, pour éviter une répétition ou faire un effet de style. Puis, fatigués, ils vieillissent et s'assoupissent. Ils sont alors qualifiés de précieux, désuets, démodés, avant de devenir archaïques et chenus. Nous préférons les dire endormis : puisqu'ils ont été utilisés par Molière, Balzac, Gide, La Fontaine ou Huysmans, les mots sont immortels. Nous les croisons au détour d'une lecture, sans y faire toujours attention. Ils se font rares, voilà tout, jusqu'à ce qu'une nouvelle génération s'en empare : pour Littré, « daron » est un mot « vieilli » ; pour les moins de trente ans, il est un père comme un autre.

Ils sont des dizaines de milliers en hibernation, prêts à jaillir de nouveau pour reprendre leur place dans la langue. Ils ont chacun une histoire à nous raconter : comment ont-ils été créés ? Quel était le sens de leur existence et pourquoi ont-ils été écartés ? Certains ressurgissent au gré d'un discours politique : perlimpinpin, carabistouille, abracadabrantesque... D'autres nous manquent, nous les gardons dans un coin de l'esprit et sur le bout de la langue. Lorsque nous n'en pouvons plus de nous prendre la tête, « matagraboliser » est là, prêt à servir. Rabelais s'est-il matagrabolisé longtemps le cerveau pour inventer ce verbe ? Formé sur *mataios*, vain en grec, et « grabeler », fouiller, « matagraboliser » signifie se triturer l'esprit pour rien, bref, se prendre la tête. Les mots endormis vivent avec ceux qui les ont employés, un style et une époque : le matagraboliser de Rabelais nous invite à cogiter joyeusement, ajoutant l'humour et l'ironie qui manquent à notre grise prise de tête, qui a tendance à se prendre au sérieux.

Ces mots nous étonnent, ils nous interpellent et souvent nous amusent : pousse-cul, blandices, mugueter, aimoir… lequel de ces mots n'appartient pas au vocabulaire galant[1] ? D'autres laissent songeur tant ils paraissent lointains ou exotiques, endormis depuis si longtemps qu'ils en sont devenus étranges, presque effrayants, comme difformes et hybrides. Des monstres lexicaux, des Frankenstein de la langue, attendent leur heure tapis dans l'ombre.

Écouter le doux frou-frou de la langue française, c'est écouter le récit des civilisations. Un dictionnaire, sans être toujours encyclopédique, est un précis d'orthographe autant qu'un cours d'histoire-géographie. Que nous disent-ils de l'évolution des mots ? Ils enregistrent l'air du temps et répercutent son écho.

La symphonie commence par un tumulte bruyant, le tohu-bohu, que nous empruntons à l'hébreu. Le chaos – oh un mot grec que tout le monde connaît ! – se poursuit avec la zizanie dont le premier germe pousse non loin de l'Euphrate dans le Croissant fertile. Vieille comme le monde, plus vieille qu'Hérode, plus vieille que mes robes, plus vieille que le plus vieux dictionnaire, la zizanie naît d'un petit rien, un grain de blé semé par l'une des premières civilisations de l'humanité, la civilisation sumérienne.

1. La réponse se trouve page 79.

Voici ce qui s'est produit : avec les Sumériens nous entrons dans l'histoire, car ils découvrent l'écriture. Graphomanes contrariés, ils écrivent avec tout ce qui leur tombe sous la main, des bouts d'os, des morceaux de roseau, tout ce qui est en forme de coin, cunéiforme en somme, ils martèlent des tablettes d'argile sur lesquelles ils comptent les mesures de blé, le *zizon*, ainsi que les troupeaux. Dans la Rome antique, le bétail, le *pecus*, ainsi que le blé sont des enjeux de lutte, ils justifient les annexions de territoires et les déplacements de population. C'est ainsi que *pecus* et *zizon* traversent les pages de divers dictionnaires (grec, latin, espagnol). Aujourd'hui, ils font que nous nous disputons pour des peccadilles et que la zizanie, comme le savoir, se sème à tout vent. La zizanie, après avoir pris le sens de dispute mais aussi de mauvaise herbe, éclate dans les pages d'*Astérix* sous l'apparence grimaçante et géniale de Tullius Detritus, l'espion romain envoyé dans le village d'Astérix et Obélix. Tullius a beau être romain, son patronyme déjà jette la confusion : *detritus* en latin signifie être usé. Le terme de détritus apparaît au dix-huitième siècle pour désigner une roche qui s'est effritée par frottement. Nous sommes encore loin de nos poubelles.

Revenons à nos moutons, et même à nos moutons gaulois : comme l'alouette et la ruche, le mouton fait partie des vestiges de la langue de Vercingétorix. Les Goths, les Wisigoths, toutes les sortes de Goths et beaucoup de Romains occupent le dictionnaire. N'en déplaise au camp retranché des quelques irréductibles puristes nationalistes, le barbarisme est roi dans la langue française, riche de toutes les invasions barbares de nos ancêtres. Par vagues successives, tous les grands envahisseurs déferlent à chaque entrée du dictionnaire, du A d'amiral au Z de zouave. Ils se sont intégrés, leurs noms ont été francisés, quitte à perdre leur sens initial : l'émir sarrasin de la *Chanson de Roland* est devenu l'honnête amiral ; le zouave, vaillant combattant d'Algérie, est devenu, à cause de ses pantalons bouffants et de son chapeau, un personnage extravagant, un drôle de zouave. Une fois installés dans notre dictionnaire, les terribles satrapes – *khshatrapâ* – venus de Perse, qui ont fait trembler Alexandre le Grand et tenaient d'une main de fer l'Empire de Darius, se transforment en petits rois fainéants : du pouvoir, les satrapes du vingt et unième siècle n'ont gardé que le goût du luxe et le despotisme, prêtant le flanc à la critique et à la dérision de leurs subalternes.

D'autres mots migrants ont préféré rester en communauté. Ils gardent leur nom d'origine. Les myrmidons en myriades, nombreux comme des fourmis, se lancent à la poursuite de la sotnia, soit cent cosaques, dont les plus poétiques sont zaporogues, des kshatriya des Indes, des zaptieh turcs, avec ou sans colback sur la tête. Sabre au clair, des hussards hongrois avancent devant des cavaliers de l'armée prussienne, les uhlans. Ils arborent une longue lance, en tant qu'uhlan.

Les soldats ne se contentent pas de conquérir les steppes reculées des dictionnaires, dansant la hussarde ou allant au kabak, le cabaret. Armés de bazookas et de kalachnikovs, ils s'emparent du vocabulaire le plus courant. En 1814, les soldats russes sont à Paris et ils ont soif : ils exigent par oukase qu'on leur serve à boire, vite, « bistro » en russe ou « fissa » en arabe, qui nous vient des contingents algériens durant la guerre de 1870[1]. En 1856, en Crimée, où il peut faire frisquet (du flamand *frisch*), les soldats de Napoléon III rapportent les tricots du comte de Cardigan et les offrent à leurs académiciens préférés. En matière de vocabulaire, le Français n'est pas revanchard, il est même accueillant. Pas d'Albion perfide au dictionnaire de l'Académie : avec les ennemis de toujours, les Immortels restent sport. Ils leur renvoient la balle de tennis (qui viendrait du français « tenez ») et leur font un majestueux lob par-dessus le filet.

Avant d'atterrir dans notre bouche, les mots ont fait le tour du monde. D'Europe viennent, en olla-podrida, c'est-à-dire pêle-mêle, des petits pinschers, qui sont des ersatz de griffons, et des teckels nickel qui viennent aussi d'Allemagne. *Allegro ma non troppo,* l'Italie donne une note d'insouciance et de légèreté à la musique, à la gastronomie et aux sentiments. Plus lointain, vient du Japon le kami, un esprit supérieur qui habite les objets. C'est lui qu'il faut invoquer face à une imprimante indomptable, un ordinateur vérolé ou un meuble à monter soi-même. Sinon c'est l'amok, la folie meurtrière que rencontre le lecteur de Stefan Zweig dans *Amok ou le fou de Malaisie* et qui peut le saisir à la lecture d'une notice explicative ou d'un mode d'emploi. Polyglottes du quotidien, nous parlons toutes les langues, même le javanais, et cela depuis longtemps. Malgré son corps de nourrisson bien nourri, le chérubin

1. Cette hypothèse étymologique de « bistro » est sujette à caution pour Le Robert.

est vieux comme Mathusalem et vient de l'hébreu ancien.

Dès la septième édition du *Dictionnaire de l'Académie française*, en 1877, il y a environ vingt mille mots d'origine étrangère, sur environ trente-deux mille mots au total. De quoi faire un petit roman ou un conte philosophique comme *L'Amiral des mots*, de Pierre Aronéanu en 1988. La nouvelle, qui est construite avec des mots d'origine étrangère, débute ainsi :

Il était une fois, dans un modeste bazar d'Istanbul, un chérubin qui fit jubiler ses parents lorsqu'il vint au monde : il tenait dans sa main une turquoise en forme de nénuphar.

Dans le melting-pot du dictionnaire, le chérubin de l'hébreu n'a rien à redouter au grand marché d'Istanbul, qui vient lui-même d'un mot arabe, comme le nénuphar, tandis que la turquoise est la pierre turque par excellence. Il peut même chanter des gloria en latin et pousser des cris de joie (c'est le sens de *jubilare* dans la langue de Cicéron). Le dictionnaire nous apprend aussi la tolérance.

Les mots sèment aux quatre vents des accents exotiques sur les dictionnaires. Naissent des mots métis : ainsi les négus, qui rappellent le grand Négus, le roi d'Éthiopie, désignent des petits caramels de Nevers. Le mahaleb, le bois de cerisier, ne pousse pas dans une oasis : cette espèce de cerisier donne de l'ombre au couvent de Sainte-Lucie dans notre exotique Lorraine. L'oreille est si habituée à cette note d'étrangeté que se créent des faux amis. Parmi les vizirs, les oulémas et le janissaire, « poussif » irait bien avec « poussah », ne serait-ce qu'en souvenir du calife débonnaire Haroun El Poussah crée par Goscinny et Tabary. Pourtant, la maladie de la pousse ne s'attrape pas sur les divans, mais dans les champs, lorsque le cheval de labour a trop travaillé et qu'il pousse pour respirer. *Idem* pour l'oustachi qui, nationaliste croate, serait fâché d'être confondu avec un moustachu amateur de pistaches autant qu'avec un Serbe. *Idem* enfin pour les haguignètes qui se verraient bien dans la poudrière des Balkans et sortent pourtant du gui gaulois pour désigner les petits présents qu'on se fait au moment de l'an neuf. Les plus fortunés recevront en guise d'haguignètes un nouveau dictionnaire : en bonus, ils auront gagné une mini-machine à remonter le temps car les mots endormis nous racontent leurs histoires et nous parlent de la nôtre.

Nos héros
Crapoussin & Niguedouille

Loin de nous l'idée de ressusciter l'ensemble des mots érudits ou rarement utilisés : ils sont beaucoup trop nombreux, venus de partout et de toutes les époques, parfois régionaux ou étrangers. D'ailleurs, comment ramener à la vie un mot qui n'est pas mort ? Ici, les mots endormis se réveillent et se mettent en mouvement, non dans un recueil de mots-zombis ou dans un nouveau dictionnaire des mots surannés, mais à travers une promenade dans la langue française.

D'ores et déjà, nous avons l'œil humide en pensant à tous les mots qui n'ont pas été retenus et qui ronflent toujours dans les bras de Morphée. Qu'ils ne soient pas trop inquiets : certains, s'ils sont endormis pour quelques-uns, ne le sont pas pour tous. La chantignole peut nous paraître étrange alors qu'un couvreur sait sans hésitation qu'il s'agit d'une grosse pièce de bois qui maintient les pannes de la charpente d'un toit.

Les mots que nous avons choisis ont claqué à notre oreille, parce que leur histoire est belle, parce que leur sonorité interpelle ou parce qu'ils méritent d'être remis à l'honneur. C'est le cas avec le crapoussin et le (ou la) niguedouille, nos héros. Ils apparaissent rarement voire jamais dans les conversations de tous les jours, alors que souvent ils y auraient leur utilité. Ils sont beaux à entendre et sont porteurs d'une jolie histoire. Ouvrons avec eux la belle aventure des mots endormis, où nous apprendrons que les crapoussins coureurs de guilledou risquent de recevoir des tatouilles et que les niguedouilles naissent des amours entre un nigaud et une andouille.

Crapoussin coureur de guilledou mérite des tatouilles…

La langue française est propice aux logogriphes, ces jeux de l'esprit où il faut découvrir un mot. Les charades en sont un morceau de choix, alors soyons précoces et abandonnons-nous à un exercice jaculatoire en devenant charadiers.

Mon premier est une éjaculation,
Mon deuxième est une broquette,
Mon troisième est du sperme,
Mon quatrième est une graine,
Mon cinquième est un clou,
Mon sixième est un ferment,
Mon septième est du foutre,
Mon huitième est une aura seminalis,
Et mon tout est le créateur décadentiste de Marthe.

Il s'agit de Huysmans, l'auteur en 1876 de *Marthe, histoire d'une fille*[1]. Dans ce roman naturaliste,

1. Joris-Karl Huysmans, à prononcer « huit semences ».

Marthe est la victime d'une société cruelle qui l'oblige à se prostituer. Gravite autour d'elle un gros négociant, « flanqué d'un pâté aux truffes et d'un panier de vins. C'était un crapoussin bonasse et un jovial compère que ce commerçant coureur de guilledou. » Jeunes gens, gare au satyre gourmand ! Qui est cet étrange individu que nous présente Joris-Karl Huysmans ? Même sans connaître la définition de « crapoussin », la sonorité du mot éloigne le personnage du bellâtre et de l'apollon.

D'où vient-il ? Dans sa sixième édition, en 1835, le *Dictionnaire de l'Académie française* nous le présente comme une « sorte d'animal crustacé », sans plus de précision. Nous voici devant une mystérieuse bestiole qui n'a de rivaux que le griffon, le basilicoq et le dahu. Ôtons-lui sa carapace et il est à coup sûr batracien de petite taille, un crapaud croassant sur son nénuphar. Parfois, il devient ornement décoratif comme dans *Madame Chrysanthème* de Pierre Loti en 1888, où l'encrier « est en jade avec des crapauds mignons et des crapoussins sculptés sur le rebord ».

De l'animal à l'homme, il n'y a qu'un saut, parfois périlleux. En 1784, dans son malicieux *Essai sur l'histoire naturelle de quelques espèces de moines, décrits à la manière de Linné*, Jean d'Antimoine, pseudonyme lumineux, analyse les métamorphoses dans la nature. Les quadrupèdes sont fœtus, enfant, jeune puis adulte ; les « crapauds sont œuf, têtard, crapousin [*sic*], crapaud ». Dans le même ouvrage, les moines, eux, sont « oblat ou donné, novice, frère lai, révérend père ». Le crapoussin serait dans le règne animal ce que le capucin est aux moines : une étape transitoire, un être inabouti.

Humain, le crapoussin tient du crapaud, en pire : il n'a rien de l'imposant crapaud-buffle, majestueux, effrayant, mais s'apparente plutôt au tout petit batracien, chétif, replet, bedonnant. C'est le sens premier, populaire, du mot crapoussin quand il s'impose au dix-huitième siècle : un petit homme trapu et contrefait qui ne mérite donc pas d'être honoré, sauf si l'on s'appelle Balzac. Dans *Le Père Goriot*, une flopée de crapoussins accompagnent le terrible Vautrin lorsqu'il juge Eugène de Rastignac :

Vous êtes un homme supérieur, on peut tout vous dire, vous savez tout comprendre. Vous ne patouillerez pas longtemps dans les marécages où vivent les crapoussins qui nous entourent ici.

Le mot crapoussin s'utilise avec dérision tant pour les hommes que pour les femmes. Apparaissent ainsi coquines crapoussines. Pourtant, par la joliesse de sa sonorité, le mot crapoussin dévie et prend un autre sens : il désigne les bambins fripons, parfois assommants. Dans *L'Assommoir* d'Émile Zola, Coupeau dit à Gervaise :

Ces crapoussins-là, quand ça vient au monde, ça ne se doute guère du mal que ça fait. Vrai, ça doit être comme si on vous ouvrait les reins... Où est-il le bobo, que je l'embrasse ?

Dans les milieux populaires, le crapoussin devient un petit poussin un peu crasseux, mais qu'il est doux de prendre sous son aile. À des garnements surexcités nous pouvons crier : « Vous me rangez cette chambre, les crapoussins, sinon… » Ou bien : « Chéri ! J'amène les crapoussins à la piscine ». Chez les notables, le crapoussin est un vilain petit crapaud. Inutile de le bisouiller, il ne se transformera pas en prince.

Que retenir du crapoussin ? Que son apparence est à l'égal de son âme : elle suinte le vice. Le riche crapoussin est crapuleux et celui de Huysmans est « coureur de guilledou » : qu'est-ce à dire ? Dans *L'Assommoir* toujours, Gervaise est malheureuse car « sa fille courait le guilledou, son mari lui flanquait des tatouilles ». Que sa fille apprécie les papouilles est acceptable – la crapoussine fait ce qu'elle veut – mais qu'elle dérouille, c'est intolérable. Quel parent moderne oserait mettre la raclée à ses crapoussins ? Toutefois, ce mot offre une très bonne alternative pour désigner nos enfants, quand ils n'arrêtent pas de renifler, tous les affreux jojos et les petits râblés qui nous agacent tellement que seule résiste la tendresse à leur égard.

Quant au guilledou, les académiciens en connaissent long sur la question. Dès 1694, dans la première édition de leur *Dictionnaire*, ils avouent que courir le guilledou, c'est « aller souvent & principalement pendant la nuit dans les lieux de débauche ». Révolutionnaires, ces académiciens : pour la cinquième édition du *Dictionnaire*, en 1798, les lieux de débauche sont qualifiés de « suspects », un mot dans l'air du temps de la tourmente révolutionnaire.

Huysmans, Balzac ou Zola étaient-ils d'horribles crapoussins coureurs de guilledou ? Ceux qui pensent cela méritent des tatouilles !

Le rire de Niguedouille

Avec un « g » ou avec un « q » – les deux orthographes ont existé –, au masculin ou au féminin, niguedouille incarne la franchise, l'humour moqueur et la liberté de notre langue : son histoire est un conte de fées à la française.

Le niguedouille est-il né des amours entre un nigaud et une andouille ?

Les ressemblances sont frappantes. D'un côté, il y a l'andouille qui, lorsqu'elle est bien préparée, sent bon le Moyen Âge et la marmite médiévale : « Nuls ne puet bonne endoille faire de tels boiaus », affirme Jean de Meung en 1160. Faire l'andouille, à Vire ou à Guéméné, c'est tout un art.

De l'andouille, niguedouille garde quelque chose de rondouillard et de joyeux. Il chante la fête, la fête au village, où l'on danse le rigaudon au son de la fanfare locale. Dodu et douillet, le niguedouille évoque la campagne, la joie de vivre et la cuisine françaises, la bonne tambouille.

Le nigaud est plus problématique, ou mystérieux. Vient-il de « nice », niais, du latin *nescio*, qui veut dire

« je ne sais pas » ? Du normand « nichot », « nijot », « nigeou » ? P'têt ben qu'oui, p'têt ben qu'non. Les savants sont perplexes, allant jusqu'à supposer une racine germanique disparue et qui ne se retrouverait que dans les mots de la famille des nigauds : que d'embrouilles !

De cette origine étrangère et populaire, niguedouille garde un petit accent, sensible lorsqu'il fait ses débuts parisiens. C'est Cyrano de Bergerac qui a le toupet de l'introduire au théâtre, dans *Le Pédant joué*, en 1645. Niguedouille a un rôle secondaire : il n'incarne ni Granger, le pédant, ni Chasteaufort, le capitan, mais apparaît dans la bouche de l'humble Mathieu Gareau, un paysan. Il y avait alors beaucoup de paysans de Paris, même autour de la Sorbonne où se déroule la scène :

Il apportit itou de petis engingorniaux remplis de naissance à celle fin de conserver, ce feset-il, l'humeur ridicule, à celle fin, se feset-il, de vivre aussi longtemps que Maquieu salé. Tenez, n'avons-nous point veu Nique-douille, qui ne sçauret rire sans montrer les dants[1] ?

Devant le très prestigieux collège de Beauvais, berceau du jansénisme, dans un Quartier latin qui parlait latin, retentissait le rire de Nique-douille. Ce large sourire a inspiré aux savants force théories : Niquedouille serait noir, Niquedouille serait masqué,

1. *Il apportait aussi de petits ornements remplis de naissance* [d'essence] *à cette fin de conserver, se faisait-il, l'humeur ridicule, à cette fin, se faisait-il, de vivre aussi longtemps que Mathieu salé* [Mathusalem]. *Tenez, n'avons-nous point vu Nique-douille, qui ne saurait rire sans montrer ses dents ?*

Niquedouille serait un engin pour bricoler les douilles, Niquedouille serait le surnom de l'un des jansénistes contre lesquels Cyrano s'est battu. C'est le plus probable car Niquedouille est peut-être le sobriquet bien tempéré de Nicolas, un prénom très en vogue au dix-septième siècle. Personne évidemment n'est d'accord, tous sont persuadés d'avoir raison. Pendant ce temps, le Nique-douille de Cyrano, qui est loin d'être nice, a tout le temps de niquer, c'est-à-dire de gagner du premier coup aux dés, après les avoir pipés, naturellement.

De Cyrano, grâce à Edmond Rostand, il est resté le nez ; de Nique-douille il n'est resté que le sourire, suspendu solitaire comme le sourire du chat d'*Alice au pays des merveilles*. Il est tellement éclatant que des étymologistes, pour lui donner du cachet et une pointe d'exotisme, font descendre le mot de *niger*, noir en latin. Cela ne suffit pourtant pas : niquedouille, trop baroque, trop populaire, pas assez classique en tout cas, n'est pas jugé digne d'entrer au tout nouveau dictionnaire de la toute nouvelle Académie française, au dix-septième siècle. Il faut attendre un peu pour que les académiciens l'acceptent et le placent dans la huitième édition de leur dictionnaire. Niguedouille est désormais officiellement estampillé comme synonyme de bêta, avec pour compagnie Jean de Nivelle et Cadet Rousselle. Au passage, les mâles académiciens recommandent quand même de l'écrire au féminin.

Comme souvent, Cyrano, le libertin athée, l'inventeur de la science-fiction pour certains et du calembour pour d'autres, est à la fois mal compris et visionnaire : si nous n'entendons plus grand-chose à la tirade de Mathieu Gareau, l'Académie, dans son édition la plus récente du dictionnaire, supprime « niguedouille » et nous recommande d'écrire « niquedouille ».

Niquedouille reste tapi dans l'ombre, hormis quelques pâles apparitions chez Marivaux, pour être littéralement intronisé au dix-neuvième et au vingtième siècle. Il s'est installé dans tous les journaux : *L'Écho*, *Le Matin*, *Le Temps*, *L'Humanité*, *Le Figaro*, *Le Petit Parisien* et *La Petite Gironde* sans oublier *Gil Blas*, Niguedouille est de toutes les fêtes et de toutes les défaites, au moment de l'affaire Dreyfus, du scandale de Panama ou du traité de Versailles. Il est bien commode en temps de censure, parfait pour se moquer des grands chefs sans les nommer. Il est le salut de l'échotier pour éviter les répétitions et les périphrases, ainsi que l'ami des poètes satiristes : il rime riche avec patrouille et bredouille. Il règne dans les mots croisés de toute obédience politique. Sacré lors du Carnaval, il devient le roi Niguedouille : souverain d'un jour, populaire et ridicule, il est brûlé (ou guillotiné) sous les rires révolutionnaires d'un peuple insoumis.

Avec sa couronne, il rime aussi avec la gidouille, le gros ventre du Père Ubu dans la pièce de Jarry. En effet, le sens du mot évolue selon le contexte dans lequel il est employé : le rire de Niquedouille devient de plus en plus sardonique, revanchard et cynique, à ses dépens. Le niguedouille n'est plus celui qui rit, mais celui dont on rit. Lui qui fut le personnage souriant du Paris de Cyrano sert de cible au Parisien gouailleur, grincheux, râleur, celui qu'on préférerait parfois ne pas rencontrer.

Tous deux forment un couple comique essentiel à la caricature politique, le benêt qui accompagne l'arsouille, le gros débonnaire soumis au petit teigneux, Bourvil avec de Funès.

Si Niguedouille est un peu trop gentil, ses détracteurs sont atrabilaires et pas toujours sympathiques. Se revendiquant populaires, ou populistes, ils pointent du doigt la bonne bouille bête du notable endormi, auquel il faudra bien tordre le coup, ou qu'il faudra au moins traîner dans la boue. En témoigne Émile Pouget, journaliste anarcho-syndicaliste, auteur oublié de *Jabotage entre bibi et un fiston* (1894), *Qu'on châtre la frocaille ! En attendant mieux* (1899). Si nous le connaissons encore c'est comme le fondateur du journal *Le Père Peinard*, créé en réaction contre la Boulange, du populiste général Boulanger, et contre beaucoup de monde. Les niguedouilles y tiennent une place de choix, en témoigne la profession de foi, athée bien entendu, du *Père Peinard*, peu tranquille :

Naturellement, en ma qualité de gniaff, je ne suis pas tenu à écrire comme les niguedouilles de l'Académie : vous savez, ces quarante cornichons immortels, qui sont en conserve dans un grand bocal, de l'autre côté de la Seine.

En temps de crise, Niguedouille est une autre figure du Français : le petit coq gaulois s'est transformé en dindon de la farce qui se fait plumer à tout-va. Pour Céline de *L'École des cadavres*, les niguedouilles, c'est nous, chair à canon stupide, gros-jean miteux, condamnés à disparaître, et c'est tant mieux.

Niguedouille n'a pourtant pas dit son dernier mot. Est-ce parce qu'il a pour créateur un bretteur, il prend les armes et, vaillant Malbrough, part en guerre, *La Guerre des boutons*, de Louis Pergaud. Tigibus, chef de patrouille, épie, avec « ses hommes, les faits et gestes de ces niguedouilles », les adversaires, les Velrans : qu'on les pendouille !

Un peu plus tard, en 1933, à Paris, cela ne sent vraiment pas très bon dans le métro, mais Zazie ne s'en plaint pas encore. Son futur créateur est occupé à traquer les niguedouilles en proche banlieue parisienne, qui y poussent comme herbe folle : pour son premier roman, *Le Chiendent*, Raymond Queneau obtient le premier prix des Deux Magots.

Si la pièce du vrai Cyrano, celui du dix-septième siècle, n'a jamais été jouée, son personnage tente sa chance à Hollywood, où il accepte tout. Niquedouille monte la garde devant la prison de Nottingham dans la version française du dessin animé *Robin des Bois*. Vigile ensommeillé, attifé en vautour, il hurle aux oreilles du Shérif de Nottingham : « Il est une heure et tout va bien. » Surgit son acolyte Pendard, un peu moins bête, mais beaucoup plus méchant. Pendard et Niquedouille, ce sont les Laurel et Hardy des enfants : le nerveux ridiculement machiavélique et le mou ridiculement bienveillant.

C'est un tout petit rôle mais c'est Disney : littératures enfantines, bandes dessinées, enseignes de magasins, Niguedouille et Niquedouille sont aujourd'hui des supervedettes de l'imaginaire régressif où il fait bon être un peu bête. Le personnage créé par Cyrano le libertin rôde désormais dans les bois de l'enfance, des bois enchantés où il rime avec quenouille, citrouille et gribouille. Devenu un personnage de comptine, il nigaude avec le cochon pendu ou la poule qui picore : *Pique nique-douille, c'est toi l'andouille, dans un plat de nouilles, à la sauce à la grenouille, mais comme le roi et la reine ne le veulent pas ce ne sera pas toi... au bout de trois... un, deux, trois !*

Les gens

À chacun ses chouchous (à préférer au vieux chou-chou, au pluriel choux-choux). Si le terme est apparu au dix-huitième siècle, les dictionnaires regorgent de personnages qui ne demandent qu'à être adoptés. Les grands, les petits, les vieux, les jeunes, les grands dadais et les grosses malotrues, les crapoussins, les niguedouilles, les anticrapoussins et les pseudo-niguedouilles, votre voisin imbuvable ou votre adorable voisine, tous vos proches sont là. Le dictionnaire est le premier réseau social : de face, de profil, souriants ou grimaçants, tous vos amis et tous vos ennemis y ont leur compte.

Honneur aux dames. Dans le dictionnaire, ouvrage bien masculin, les femmes bénéficient de nombreux mots pour désigner leurs vertus et surtout leurs défauts. Avec leur silhouette gracile ou leur dégaine tétonnière, elles sont avant tout un corps. Lorsqu'elles brillent par leur esprit, il leur faut de l'humour pour supporter les surnoms dont elles se voient affublées. Les hommes ne sont pas de reste : il y a mille manières d'épingler les travers masculins. De la fille facile à la femme fatale, du goujat au séducteur, du tyran domestique à la bonne copine, la vie est plus jolie émaillée de mots rares.

Oh les filles, oh les filles, elles me rendent marteau !

Cypris, galoise, gigolette, gaupe, maritorne, carogne, baisselette, jeanneton, guenuche, virago, haridelle, haquenée, tétonnière

Il est à noter qu'on met la femme au singulier quand on a du bien à en dire et qu'on en parle au pluriel sitôt qu'elle vous fait quelque méchanceté.

Sacha Guitry,
N'écoutez pas, mesdames !, 1942

La femme est singulière, le vocabulaire créé pour la désigner l'est tout autant. Nous aimons la charmante **cypris**, la galante **galoise** et l'espiègle **gigolette** ; nous nous méfions des **gaupes**, des **maritornes** et des terribles **carognes**. Reprenons tout cela.

La cypris lève fièrement son front antique tant sa beauté est remarquable. Elle a quelque chose de

Vénus anadyomène, déesse sortie des eaux[1]. L'image est sublime quand le peintre Botticelli s'occupe du plateau de fruits de mer. En réalité, la scène est moins charmante : cette anadyomène est née des organes génitaux de son père, Ouranos, arrachés par Cronos puis jetés dans la mer.

Après l'antique cypris, voici la galoise médiévale. Sans être originaire du pays de Galles, cette galante est le féminin du galois, le gaillard bon vivant qui aime les plaisirs. Dans le *Livre pour l'enseignement de ses filles*, le chevalier de La Tour Landry écrit au quatorzième siècle : « Belles filles, je vous compteray des galois et des galoises. »

Quant à la gigolette, sa digne héritière, elle est la fille des rues du dix-neuvième siècle, qui va guincher aux bals populaires[2]. Le fabuleux chansonnier Aristide Bruant nous les a présentées *À la Villette* : « I' m'demandait pardon, à g'noux, / I' m'appelait sa p'tit' gigolette, / À la Villette. » Le dictionnaire est plein de jolies filles : la bachelette serait la compagne du jeune bachelier même s'il n'est pas improbable qu'elle descende de la **baisselette**, la jeune servante, copine avec la **jeanneton**, bien souvent paysanne, qui évidemment prend sa faucille, la rirette, la rirette.

Las, après les jolies, voici les vilaines. Les gaupes sont des femmes de mauvaise vie, dévergondées et souvent malpropres. Elles ont pour copines les maritornes, les « mal tournées », disgracieuses et

1. Du grec *anaduesthai*, « sortir du fond ».

2. La gigolette est le féminin de gigolo, les deux mots ayant été créés au mitan du dix-neuvième siècle, sans doute à partir de la gigue, la jambe, qu'ils avaient légère.

laides. Dans *Le Capitaine Fracasse*, Théophile Gautier les réunit quand Léandre, dépité, se parle à lui-même :

Tu mérites d'avoir toute ta vie pour maîtresses des caillettes, des gaupes, des Gothon, des Maritornes aux mains rendues calleuses par le balai.

Souillon, servante mais rarement soubrette, la maritorne est un personnage domestique qui se fait masculin chez Molière quand Nicole, la servante plus galoise que gaupe, parle à Madame Jourdain du « gentilhomme de notre village, qui est le plus grand maritorne et le plus sot dadais que j'aie jamais vu », dans *Le Bourgeois gentilhomme*.

Le physique de la femme est source d'inspiration pour les lexicographes. Sûr que toutes ne sont pas des **guenuches**, proches de la guenon, mais beaucoup sont affublées d'un vocabulaire difforme. La **virago** est de grande taille et prend les manières d'un homme. Est-elle dès lors plus difficile à aimer ? Dans *Travelingue*, en 1941, Marcel Aymé évoque « une virago cocardière, une de ces créatures sans sexe, qui tiennent du zouave et de la jument ». L'auteur de *La Jument verte* dresse un portrait cruel.

La comparaison de la femme et du cheval se retrouve dans la **haridelle**, femme maigre à en faire de la peine. Jacques Brel imagine être un soir d'été quand il aperçoit aux terrasses brouillées quelques buveurs humides parlant de haridelles et de vieilles perfides. La misérable haridelle n'est qu'une mauvaise jument dont la silhouette chevaline est devenue féminine. Autre femme équestre, la **haquenée**. À l'origine, cette petite jument était chevauchée par les femmes. Dans *La Dame de Monsoreau*, Alexandre Dumas offre à Diane de Méridor une haquenée blanche qui, « se sentant libre, s'enfuit en hennissant à travers la forêt ». Il ne faut qu'un galop pour que l'animal devienne le modèle d'une femme assez laide et masculine. Parfois, pire, elle a des mœurs légères. Dans son Journal, en novembre 1805, Stendhal parle d'une « tournure de grande haquenée, de catin ».

La haridelle et la haquenée sont sèches à la différence de la **tétonnière**, dont la grosse poitrine évoque l'opulence. Par souci de bienséance, il est courant de lire que la tétonnière a « beaucoup de gorge » mais en réalité son nom lui vient de ses tentants tétons, de ses nénés, de ses nichons. Une tétonnière est, au sens premier, une bande d'étoffe qui servait à soutenir les seins avant que soit inventé le soutien-gorge, un accessoire vestimentaire qui sied aux femmes aux formes généreuses.

Apparaît alors la *Vénus callipyge*, avec ses belles fesses, chantée par Georges Brassens :

Pour obtenir, madame, un galbe de cet ordre,
Vous devez torturer les gens de votre entour,
Donner aux couturiers bien du fil à retordre,
Et vous devez crever votre dame d'atour.

Ne nous attardons pas sur le sexe de la femme, celui que les gens sots traitent de con car « c'est la grande pitié de la langue française, c'est son talon d'Achille et c'est son déshonneur, de n'offrir que des mots entachés de bassesse à cet incomparable instrument de bonheur », comme le proclame encore Georges Brassens. Allons plutôt au spectacle admirer le talent et la grâce d'une dugazon.

Un baiser pour la dugazon

Dugazon, armide, dugazon-mère, grisette, cousette, arpète, trottin, mimi pinson, lorette, Arthur, madelonnette

Louise-Rosalie Lefebvre a tous les talents : elle chante, elle danse, elle séduit, tout le public de l'Opéra-Comique, la plupart des hommes, et son mari, l'acteur Dugazon. Il est un peu plus vieux et beaucoup plus célèbre qu'elle : à la ville comme à la scène, elle prend son patronyme. Elle le garde comme nom de scène après l'avoir quitté. Son triomphe est tel qu'elle donne naissance à un mot : une **dugazon** désigne à la fois un certain type de voix de soprane et un emploi au théâtre.

Qu'est-ce qu'une dugazon ? La donzelle n'est pas facile à emprisonner dans la cage d'une définition. La dugazon est jeune, mais pas trop : elle n'est pas une ingénue. Elle est jolie, mais sans ostentation : elle n'est pas une grande coquette. Elle a du talent, mais ne rivalise pas, officiellement du moins, avec le premier rôle. Elle sait se faire désirer sans être manipulatrice : elle enchante sans être une ensorceleuse, à la différence de l'**armide**, autre personnage de théâtre à la beauté incomparable. Une dugazon est franche mais sans impertinence. Elle minaude mais reste simple. À une dugazon on peut confier des secrets puis dérober des baisers, déballer ses déboires amoureux tout en lui contant fleurette, faire des confidences sur une autre et puis lui faire l'amour : elle ne dira rien car, de toute façon, elle n'en aura fait qu'à sa tête.

Une dugazon est modeste, sincère, pétillante, mesurée, l'actrice préférée de tous les Français, l'égérie populaire. Elle est Lisette dans *Les Jeux de l'amour et du hasard* de Marivaux, Chérubin dans *Les Noces de Figaro* chez Mozart, elle est Sophie Marceau dans *Joyeuses Pâques*, le film de Georges Lautner. À Hollywood, elle est *the girl next door*, la fille d'à côté (qui n'a rien à voir avec la sombre *Femme d'à côté*), une complice autant qu'une compagne.

Aimée des hommes sans provoquer la rivalité des autres femmes, la dugazon fait l'unanimité. Tout le monde l'apprécie. Chaque époque a la sienne : elle est toujours « la femme de l'année », même si elle change de visage. Vous en connaissez sûrement une, ou aimeriez la connaître. Au travail, elle a toujours un chewing-gum ou un stylo à vous passer, à toute heure, elle répond au téléphone, prête à éponger peines de cœur et coups de colère. Elle est toujours disponible quand il s'agit d'aller boire un verre. Ravissante, humble, indépendante, elle incarne un idéal féminin et le fantasme de beaucoup d'hommes.

Elle est piquante sans être acerbe, enjouée sans être niaise, populaire sans être vulgaire, intelligente sans être retorse, fragile sans être névrosée, pleine de bon sens sans être donneuse de leçons, fine sans être maigre ou ronde sans être grasse, légère sans être volage, théâtrale sans être fausse, bref, une vraie dugazon.

La Dugazon, la vraie, a eu presque autant d'amants que de rôles. Performance remarquable, elle a réussi à faire en sorte que sa carrière n'en souffre pas, non plus que de certains de ses choix politiques. Née à Berlin en 1755, elle a enflammé les cœurs et les planches pendant plus de cinquante ans. Le rossignol berlinois a chanté tantôt pour Marie-Antoinette tantôt pour Napoléon, interprété les plus grands auteurs comme sauvé les plus petits. À part une éclipse de trois ans durant la Révolution, elle a traversé tous les régimes, a supporté aussi bien les orages de l'Histoire que les outrages du temps. Passant de rôle en rôle, du théâtre au chant et toujours d'amant en amant, elle connaît le miracle de la seconde carrière : après avoir joué les jeunes bachelettes, elle incarne leurs mamans, sages et malicieuses. Non seulement elle évite l'océan de tristesse sur lequel ont fait naufrage tant de vedettes vieillissantes mais, apothéose ultime, elle lègue une deuxième fois son nom au dictionnaire pour un autre type d'emploi, les **dugazons-mères**.

Le génie supporte mal le pluriel : toutes les dugazons ne sont pas à la hauteur du modèle. Certaines réussissent mieux leur carrière dans l'alcôve que sur scène. Musset s'en moque en la personne de Javotte, hier « grisette perdue sur les pavés de Paris », aujourd'hui duchesse enrhumée, qui « malgré ses grands airs sent encore un peu les choux ». Si elle a attiré plus d'hommes dans son lit que de spectateurs dans une salle, elle s'enorgueillit d'avoir été « troisième dugazon, en province » et même « seconde grande première coquette », en Auvergne[1]. Avec le romantisme, les dugazons entonnent un air plus triste, celui de la fille des rues et de la servante au grand cœur, qui rêvent d'échapper à leur condition quitte à y laisser leur vertu. Elles s'amusent mais avec mélancolie. Les temps des *Jeux de l'amour et du hasard* sont révolus : au dix-neuvième siècle, on ne badine pas avec l'amour.

La **grisette**, comme la **cousette**, sa cousine, est une jeune ouvrière qui, en guise de bleu de travail, porte un vêtement gris. Elle s'affaire, se tue à la tâche et a tout juste le temps de faire une brève pause-déjeuner avec son amie la **midinette**, une collègue modiste, qui a pour particularité de faire dînette dehors, le midi. Elles ne sont pas les plus malheureuses : leurs jeunes consœurs, les **arpètes** et les **trottins**, toujours sur leurs guiboles, sont condamnées à arpenter et battre le pavé parisien, chargées de cartons et à toute allure, jusqu'à ce que « quelqu'un » les remarque. Si la grisette existe déjà chez Saint-Simon et Marivaux, elle est une figure mythique du dix-neuvième et de la première moitié du vingtième. Musset la magnifie en lui donnant un nom, un visage et une chanson avec *Mimi Pinson, profil de grisette* :

1. Alfred de Musset, *Le Secret de Javotte*, nouvelle écrite en 1844 et publiée dans le journal *Le Constitutionnel*.

Mimi Pinson est une blonde,
Une blonde que l'on connaît.
Elle n'a qu'une robe au monde,
Landerirette !
Et un bonnet.

Cette robe, **Mimi Pinson** n'hésite pas à la soulever car, si Mimi s'appelle Mimi, ce n'est pas parce qu'elle est mignonne, c'est parce qu'elle fait mimi, ou minette, c'est-à-dire qu'elle s'offre pour quatre sous, quitte à devenir une **lorette**, une fille entretenue. Sur l'échelle sociale de la prostitution, la lorette ne vaut pas bien cher : demi-mondaine, elle est contrainte d'avoir plusieurs protecteurs, les **Arthurs**, si elle veut terminer le mois. Même si elle se trouve un peu partout, la lorette doit son nom au quartier de Notre-Dame-de-Lorette, à Paris, en bas de Montmartre. Le fabuleux destin de Mimi Pinson et de ses amies menace sans cesse de sombrer dans le tragique : la prostitution, la maladie, la solitude ne sont jamais bien loin. Seules les plus sages rejoignent la cohorte des **madelonnettes**. Elles prient pour leurs amies dans les maisons de détention et les couvents réservés aux anciennes pécheresses, nommés d'après sainte Madeleine, la patronne des repenties. Ainsi, le soprane léger de la dugazon d'opérette reprend du service, mais avec le timbre dramatique des grandes divas d'Opéra : privées de pinsons, ces mimis-là meurent en scène dans *La Traviata* ou *La Bohème*.

Pimpante, petite, vive comme l'eau, la fille des rues court comme un ruisseau et souvent finit dans le caniveau, muée en muse vénale et vilaine, avec pour seuls spectateurs un Arthur sans le sou, une lune trop blême ou un poète amoureux. Tout au mieux, si elles ont du talent, la jambe souple et musclée, elles escaladent la butte Montmartre pour se hisser jusqu'au Moulin Rouge et danser le cancan, le *french* cancan. Les plus perspicaces passent à l'écran, sont filmées par Jean Renoir dans *French Cancan* en 1954 et donnent la réplique à Jean Gabin, avant de se faire préférer une mendigote à la taille fine et au jupon plein d'trous. Dans le film de Renoir, Cora Vaucaire, dugazon réaliste, chante avec mélancolie que les escaliers de la butte sont durs aux miséreux.

Femmes de tête

Apax, mijaurée, migouflée, pécore, pecque, jacasse, ergo-glu, péronnelle, pie-grièche, catiche, bas-bleu, euphuisme, rabutine (à la), pimpesouée

Les femmes ont-elles toujours tort d'avoir raison ? Pas un nom, pas un sobriquet, même argotique (surtout argotique), pas même un **apax** – un terme utilisé une seule fois –, qui qualifierait une femme intelligente et cultivée qui ne soit péjoratif ou au moins moqueur. S'il y a bien un mot disparu, c'est celui qui désignerait une femme cultivée sans comporter une dose variable, quoique rarement légère, de dérision, voire de méchanceté. Les femmes de tête en prennent plein la leur. De tous les âges, de toutes les époques, quelle que soit leur attitude, sur tous les rivages, elles indisposent.

Enfant, le nez plongé dans les livres ou les éprouvettes, elle est une **mijaurée**, une **migouflée** dans le Midi si, en plus d'être savante, elle est mignonne. Si elle n'est pas jolie, elle est une **pécore**, ou une

pecque, et appartient dans les deux cas à du bétail, le *pecus*, la prétention en plus. Si elle philosophe à haute voix, elle quitte l'enclos du *vulgum pecus* et s'envole pour rejoindre le ciel des idées ; des idées folles et bruyantes car, dès qu'elle pérore, sa voix agace : elle est une **jacasse**, qui jaspine et pinaille en piaillant des **ergo-glu**, une « expression familière par laquelle on se moque de grands raisonnements qui ne concluent à rien », explique Émile Littré[1].

Demoiselle, petite oiselle sans plume, elle se rebèque et se fait trop entendre. Au village sans prétention, elle a mauvaise réputation : elle est la **péronnelle**, la descendante de la jeune impudente d'une ritournelle médiévale qui dit : « Av'ous point veu la Pérronnelle que les gendarmes ont emmenée ? » La chanson est un tel succès, tellement chantée et massacrée, qu'elle finit par être insupportable : la péronnelle devient alors une femme volubile qu'on a trop entendu.

Dame, elle se donne des grands airs mais reste une **pie-grièche**, volatile sournois et doté d'une seule dent. Si elle est noble, elle devient Yolande Cudasne, comtesse de Pimbesche, Orbesche *et caetera*. Le quartier de noblesse est forgé par Racine dans *Les Plaideurs* : l'espimbeche est l'ingrédient nécessaire à la recette de verjus, qui fait pincer le bec[2].

Décatie, lorsqu'elle a perdu de sa verdeur mais non de son piment, elle est devenue une vieille chouette, emblème dégradé de l'oiseau de Minerve, la déesse de la Raison des Romains. Bénie soit pourtant

1. Ergo-glu sont les premiers mots de la conclusion : *ergo glu capiuntur aves*, « donc les oiseaux sont pris par la glu ».

2. Le verjus est un jus ou une sauce particulièrement acide.

Minerve qui désignait jusqu'au dix-neuvième siècle une femme aussi sage que belle et qui se contente aujourd'hui de soulager les problèmes de cervicales.

Précieuse, elle est ridicule, libertine, elle est une catin, ou une **catiche**. Si elle est prude, la voici béatifiée en sainte Nitouche, patronne de la Prudoterie, cette famille que l'on retrouve chez La Fontaine et chez Molière. Elle a eu longtemps l'honneur d'être au dictionnaire, mais a-t-elle la passion des livres, les lire ou les écrire, elle souffre, en plus de bibliomanie, de bas-bleuisme.

Ces **bas-bleus** sont importés d'Angleterre, du salon de Lady Montagu au dix-huitième siècle, où hommes et femmes se réunissaient, le digicule levé au-dessus de leur tasse de thé, pour discuter de littérature et de tout le reste. Afin de se démarquer du costume trop habillé, les dames y portaient de simples bas de laine bleue. En traversant la Manche, l'expression devient péjorative. Dans une série d'estampes, *Les Bas-bleus*, en 1844, Daumier croque de maigres mesdames qui négligent les tâches ménagères pour les livres. Sur l'une, elle a troqué le plumeau pour la plume, tandis que le pauvre enfant s'impatiente, les pieds en l'air et la tête dans un seau d'eau sale. Sur une autre un mari déguenillé déplore : « Allons bon !... voilà qu'elle ne se contente plus de porter les culottes... il faut encore qu'elle me les jette à la tête !... » Sur certaines, elles fument et boivent comme des hommes qui, eux, au moins, vont au cabaret et ne font pas ça chez eux. C'est là tout le drame de l'intellectuelle, elle est soit virile, soit hautaine et dédaigneuse, et toujours risible. Barbey d'Aurevilly en fait un pamphlet de plus de trois cents pages, qui peut se résumer en sa péroraison :

Il y a de petites décadences, disait Galiani. Mais je ne crois pas que dans l'histoire, il y en ait une plus petite que celle qui nous menace. Je ne crois pas qu'il y en ait de plus honteuse que celle d'un peuple qui fut mâle et qui va mourir en proie aux femelles de son espèce… Rome mourut en proie aux Gladiateurs ; la Grèce, aux Sophistes ; Byzance, aux Eunuques : mais les Eunuques sont encore des débris d'hommes. Il peut rester à ces mutilés une tête virile, comme celle de Narsès, tandis que nous, nous mourons en proie aux femmes, et émasculés par elles, pour être mieux en égalité avec elles… Beaucoup de peuples sont morts pourris par des courtisanes, mais les courtisanes sont dans la nature et les Bas-bleus n'y sont pas !

Pourtant, les femmes ont beaucoup fait pour notre langue. Si Molière tourne en dérision leur **euphuisme**, leur dégoût du bas, leur refus du simple et des périphrases interminables de leurs « conseillers des grâces » et de leur « grand bureau des merveilles », de leur Amilcar et de leurs belles ruelles, l'espace à côté de leurs lits depuis lesquels elles tiennent salon dès potron-jaquet, l'ami de potron-minet, c'est à elles que nous devons la simplification de nombreux mots du dictionnaire[1]. Molière est loin d'être le seul à se moquer, et tous n'ont pas son talent. Antoine Baudeau

1. Le « conseiller des grâces » est le miroir, le « grand bureau des merveilles » est le grand magasin et Amilcar est un personnage de Madeleine de Scudéry, particulièrement gentil et serviable. Amilcar vient de Carthage, pays des couguars, avec lesquelles il s'entend très bien.

de Somaize, qui pourtant détestait Molière, applaudit aux *Précieuses ridicules*. Il en tire en 1660 *Le Grand Dictionnaire des précieuses ou la clef de la langue des ruelles*. S'il a peut-être entendu dans un salon réclamer le « supplément du soleil » pour désigner une chandelle, l'« âme des pieds » pour le violon, s'il s'est moqué des « écluses du cerveau » en évoquant les narines de l'une de ces dames ou observé en catimini les délicieux « coussinets d'amour » que sont les tétons, c'est grâce à ces femmes abhorrées que Baudeau de Somaize n'a pas sombré dans l'oubli.

La femme d'esprit est la muse malade des dictionnaires : quoi qu'elle touche, elle le flétrit. Parfois, un simple « e », même muet, suffit à dégrader un terme. Quel est le meilleur exemple, pour Littré, de l'adjectif « lettré » :

Il est l'homme le plus lettré de son temps.

Quel est le meilleur exemple, pour Littré, de l'adjectif « lettrée » :

Toute fille lettrée restera fille toute sa vie. (Rousseau)

Ajoutons que nombre d'exemples du fameux dictionnaire ont été trouvés par la fille de Littré et le tableau sera complet. Émile Littré (1801-1881) a eu la vie longue et son existence couvre une grande partie du dix-neuvième siècle, quand le mot « misogynie » entre au dictionnaire, dont le sien, sans exemple toutefois. Ne soyons pas trop sévère avec nos ancêtres, si les mœurs ont changé le vocabulaire reste à la traîne : être une femme libérée, tu sais, c'est pas si facile.

Toutefois, quelques expressions moins péjoratives existent mais elles comportent souvent une once de mépris ou de ridicule. Elles n'en sont que plus précieuses. **À la rabutine**, c'est-à-dire avec autant d'esprit que Madame de Sévigné, née Rabutin-Chantal, saluons le talent de toutes celles qui ont donné des lettres de noblesse aux *one-women shows* et qui déchaînent les rires sur scène. Les femmes aux cheveux courts ont souvent des allures de « garçonnes ». Préférons le joli nom de **pimpesouée** qui est on ne peut plus classique. Pimpesouée vient du Grand Siècle, née sous la plume de Molière, qui s'en sert surtout pour désigner une femme à la voix maniérée, qui parle haut et aigu. Avec son petit accent flûté, titi avant l'heure, la pimpesouée a pourtant connu de belles heures durant les Années folles. Beaucoup en ont pincé pour les lèvres pincées des pimpesouées, tels les lecteurs du journal *La Vie parisienne* le 13 mars 1926 :

Pimpesouée, si musclée, si athlétique, qui, même dans le sommeil, reste nerveusement tendue ; Pimpesouée, dont le corps semble taillé de minuscules facettes ; Pimpesouée aux courts cheveux bouclés et noirs ; Pimpesouée qui crépite comme l'écume et la mitrailleuse : c'est une grappe de raisin noir ; ce raisin a d'innombrables petits grains durs, si pressés les uns contre les autres qu'ils semblent voués à l'écrasement.

Aujourd'hui, elle a disparu de tous les dictionnaires, à part ceux des vieilleries. La république des lettres n'en a jamais fini d'être cruelle avec les femmes savantes. Fort, faible, rude ou doux, l'esprit n'a pas de sexe en français, mais aux femmes un supplément d'humour est demandé.

Lorsque le bel esprit habite le beau sexe, il n'a guère de nom : à nous de l'inventer au lieu de pester après la gent masculine.

La ligue des *muflemen*

Muflard, gouin, sagouin, goujat, maroufle, gougnafier, briffaut, galapiat, chignard

Place aux hommes désormais, qui ne sont pas toujours des gentlemen mais qui aiment bien rester entre eux. Les grossiers personnages aussi ont leur club, le club des ***muflemen***, selon le mot anglais, ou mufles *en français dans le texte*. C'est un club très fermé, même s'il compte de nombreux sympathisants.

Il en faut beaucoup pour faire sortir un Goncourt de ses gonds, par exemple ne pas être admis dans un club (que Littré invite à prononcer « klub » ou « klob » plutôt que « kleub » ou « kloub »), même celui du mufle, « ce porcin, ce pignouf, ce **muflard** », comme l'écrivent les très raffinés dans leur *Journal* un jour de hargne en 1885. Pour y entrer l'espace d'une soirée, il convient d'arborer à la boutonnière un mufle-de-veau, que le *mufleman* en herbe aura cueilli dans un jardin sans demander l'autorisation. Pour devenir membre à part entière, il faut montrer patte blanche, en étant doté d'un bon gros nez lisse et fumant, un mufle, comme le museau des bovins.

Si le mufle n'a pas de groin (réservé aux porcs), il est très souvent un **gouin**, avec ses manières de matelot mal léché. Il est tentant de l'embarquer sur le même bateau que le **sagouin**, pourtant ils ne sont pas du même port. Le sagouin est d'abord un ouistiti d'Amérique du Sud, avant de devenir un synonyme de sale type[1].

Il est aussi un **goujat** : il n'a pas plus de respect qu'un petit soldat en pays vaincu. Il avance toujours en terrain conquis, tout lui est dû. Le goujat, qui désigne un valet d'armée, a forcément des origines douteuses. Pour certains, il vient lui aussi du *goy*, pour d'autres du latin *gaudium*, la joie : ils sont drôles parfois, les petits goujats, et quand ils sont enfants, ils donnent la joie à la famille, comme le propose Littré dans son explication du mot.

S'il n'a pas fait l'armée et s'il n'est pas un petit gars de la narine, le muflard soucieux d'occuper encore davantage de place et de pomper un peu plus d'air peut aussi être appelé **maroufle**. Le maroufle ne prend jamais de pincettes et, s'il met des gants, ce sont des moufles, avec lesquelles il rime très bien, comme l'a remarqué au dix-septième siècle le burlesque Scarron dans son *Virgile travesti* :

Je ferai voir à ces maroufles
Que l'on ne me prend point sans moufles

---

1. En normand, un *gouain* est un garnement mais l'idée de mauvais garçon se retrouve dans le mot hébreu *goyim*, qui a donné goujat. Mis au féminin, le gouin devient gouine : lui est sorti des dictionnaires mais elle y est restée pour désigner une prostituée puis une homosexuelle.

Face à tant de grossièretés, le fin Littré est perplexe. D'où sort-il, ce maroufle ? Il conclut à une étymologie inconnue tout en suggérant que le terme serait une forme dégradée de maraud, soit viendrait de l'italien *marruffino* qui désigne un apprenti drapier. En tout cas, le maroufle est suffisamment ancien pour avoir son entrée dès la quatrième édition du *Dictionnaire de l'Académie*, en 1762. Il frappe à toutes les portes, à toutes les époques et dans tous les milieux. Si vous n'en connaissez pas, c'est que vous êtes très chanceux, ou que vous êtes celui-là. Le maroufle est de toutes les fêtes, quitte à s'y inviter. Quel que soit son degré d'éducation, quelle que soit sa caste sociale, il est mal élevé.

Chez les riches, il est Giton, l'impayable caractère de La Bruyère qui « occupe à table et à la promenade plus de place qu'un autre », « crache fort loin » et « éternue fort haut ». Plein de morve et de morgue, il outrecuide, il tonitrue.

Chez les travailleurs, il est le **gougnafier**, l'ouvrier qui bâcle pour avoir l'air de travailler plus vite que les autres et aller faire des compliments à la patronne, afin d'être payé le premier. Ce maroufle-là ne doit pas être confondu avec le maroufleur, l'ouvrier qui s'occupe de maroufler, de fixer à la colle forte. Dans la rue, il ouvre la marche, tête haute et ventre en avant. Prière à la compagnie de se régler sur son pas : l'intendance suivra !

Dans les bandes dessinées, il est Séraphin Lampion, l'importun chez Tintin, à la bonne franquette, c'est-à-dire toujours trop près, trop là, trop présent. Il faut une épidémie de scarlatine pour le faire déguerpir. Il a le sens de la famille, la sienne.

Au théâtre, il est l'un des époux Boulingrin, dans la pièce de Georges Courteline, en l'occurrence Madame : « Buvez, c'est pas sale, c'est mon verre ! » On peut être une femme et être maroufle. On peut être une princesse et être maroufle. En témoigne, chez Marcel Proust, Madame Verdurin, qui termine princesse de Guermantes et reine des maroufles.

À table, il se taille la part du lion, pavoise à satiété, se goberge et pontifie : dès qu'il a fini de se curer les dents ou le nez, il plastronne, pérore sans vergogne car il a tout vu, mieux il a tout prévu.

S'il est pauvre, il est le **briffaut**, celui qui briffe tout, ne laissant aux autres que les mauvais morceaux, et la vaisselle. Rentier, faiseur de lard, philistin, épicier, bourgeois gentilhomme, il traverse le temps, rejoint Zazie dans le métro sous le doux nom de gougnafier. Au passage, elle lui emprunte des blue-jeans ou bloudjinnzes comme l'écrit Queneau :

Qu'est-ce qu'elle dira ma moman si elle apprenait que tu me laisses insulter par un galapiat, un gougnafier et peut-être même un conducteur du dimanche.

Le métro en particulier, les transports en commun, la route en général, regorgent de maroufles, de malotrus qui se garent n'importe comment, écrasent les pieds à la volée en téléphonant et ne cèdent jamais leur place aux vieilles dames, qui sont peut-être aussi malotrues, c'est-à-dire au sens propre mal bâties.

Philistins, épiciers, gendarmes, le temps ne fait rien non plus à l'affaire. Jeune garçon déjà, il était le **galapiat** qui donnait des coups de coude et faisait des crocs-en-jambe pour être le premier à la cantine.

En prenant de la bouteille (en buvant au goulot), quand il atteint sa maturité, il n'est pas un narcisse fané : il s'aime trop pour avoir besoin se contempler. Le maroufle n'a besoin de personne, même s'il préfère avoir un public, un public chéri. Il s'aime beaucoup en couple et s'adore en chef de famille. Plein de lui-même jusqu'aux naseaux, il conserve une forme de roborative innocence : s'autosuffisant avec suffisance, il ne voit pas qu'il indispose tout le monde. N'est pas un maroufle qui veut : il est très difficile d'être bas avec grandeur. Le maroufle n'est pas un **chignard**, un râleur, un atrabilaire ou homme aigri. Il faut imaginer le maroufle heureux : il est toujours content, de lui.

L'amour à bras-le-corps

Les mots endormis nous collent à la peau : avec eux nous découvrons des corps couverts d'appellations biscornues. Chaque partie de notre anatomie possède son champ lexical, de même que chaque vêtement qui le couvre. Dans les deux cas, il s'agit d'habiller la nue vérité, quitte à la travestir. Un détail change tout : un centimètre de plus ou de moins suffit à transformer un minois trognon en une trogne de sorcière, une veste ajustée en un costume étriqué. Dans les deux cas, ces mots nous parlent d'histoire. Du costume d'Ève aux défilés les plus fashionables, leur beauté est fugace et soumise au temps[1]. Suivant les époques, la même peau sera moricaude ou bronzée, peau d'ange ou d'orange. Dans les deux cas enfin, ces mots nous parlent d'amour.

Il n'est pas nécessaire de maîtriser un large vocabulaire pour parler des taches de rousseur ou de la forme du nez, mais quelques mots bien placés enrichissent grandement les échanges et facilitent

---

1. Issu du français « façon », le terme se lit pour la première fois dans la *Correspondance* de Madame de Staël en 1793.

l'approche : des dessous chic aux armures de choc, de la guêpière à la baleine, le dictionnaire est un manuel, parfois illustré, de séduction. Feuilleter ses pages est l'assurance de se livrer à un effeuillage de charme et de déflorer au moins un beau corpus.

Le corps affublé de maux rares

Chafouin, éphélide, lentigo, caliborgne, monaut, camard, camus, cachexie, se chêmer, boscot, procérité, gaster, gigues, nutation et pandiculation, pogonologie, vibrisse, taroupe, gargamelle, macilence, étique, glabelle, poil axilaire, oligotrichie, ulotrique, liotrique, diaphorèse, faguenas, punais, et un peu de veloutine pour dissimuler ces petites tares

Dressons le portrait sans compromis d'un quidam affublé de mots rares. Son visage est **chafouin** car, sournois et rusé, il ressemble à celui d'une fouine, dont le mari était appelé le fouin, pire d'un putois, un « chat fouin ». Ses joues, son nez et son front sont griffés d'**éphélides** : le mot paraît horrible mais il désigne simplement les jolies taches de rousseur. Un peu de **veloutine**, de poudre de riz, peut les dissimuler afin de plaire à Hervé Bazin : dans *Qui j'ose aimer*, à propos des éphélides, l'écrivain considère qu'il est « moins grave de faire des taches sur son cahier que d'en avoir sur la peau ». Ce jugement est sévère car la pigmentation ponctuelle forme de petites marques appelées **lentigos** : il s'agit des grains de beauté. Factices ou réels, ils deviennent les mouches, qui dénoncent au regard une partie du corps ou du visage. La tache ne se contente pas de pigmenter la peau, elle pimente un individu, apportant un grain de folie et un autre de beauté même à un visage hâve, c'est-à-dire pâle et maigre.

Les yeux sont les miroirs de l'âme : mieux vaut ne pas être **caliborgne**, ou bigleux, pour voir si un individu est louche. Restent alors les oreilles pour découvrir le monde, parfois malgré elles : Pascal Quignard déplore que « les oreilles n'ont pas de paupières », dans *La Haine de la musique*, pour échapper au brouhaha inutile, la souffrance de tous les musiciens et des mélomanes. Le **monaut** lui, doté d'une seule oreille, n'est qu'à demi préservé : il ne peut dormir sur ses deux oreilles.

Généralement, au milieu de la face se trouve le nez, sauf à être en présence d'un épatant **camard**, qui a le nez aplati voire pas de nez du tout. Méfions-nous des camards : ils ont le nez creux et il est impossible de les mener par le bout du nez. Méfions-nous plus encore de la Camarde, la mort, celle qui n'a pas de nez sur son visage squelettique, celle qui n'a jamais pardonné à Georges Brassens d'avoir semé des fleurs dans les trous de son nez dans la *Supplique pour être enterré sur la plage de Sète*.

À peine plus long que le nez camard, il y a le nez **camus**, court et plat. Ainsi, la personne avec un petit nez qui amuse est camuse. L'origine du mot est obscure mais son ancienneté demeure une certitude : il y a du gaulois dans le camus, sans doute de l'occitan et peut-être de l'italien. Le camus contient du museau et désigne facilement un animal à la face écrasée, telles une chèvre ou une brebis, ou bien un philosophe antique : « Pour toi, Socrate, tu n'étais qu'un pauvre homme, laid, camus, chauve », écrit Fénelon dans son *Dialogue des morts*. Être camus, c'est être désappointé, être penaud. Rendre un homme camus, c'est le réduire à ne savoir que dire, même s'il est nasard et parle du nez.

Passons la zone mâchelière du visage, où les mâchoires s'activent à mastiquer ; passons la **gargamelle** qui n'est pas l'ennemi des gentils petits Schtroumpfs mais le gosier. Prenons du recul et attardons-nous sur la silhouette de notre quidam qu'il faut imaginer *in naturalibus*, c'est-à-dire tout nu. La **macilence** et l'**étique** désignent l'extrême maigreur, loin du corps gras et dodu. S'il souffre de **cachexie**, l'individu est proche de la mort tant il se **chême**, tant il maigrit. La Camarde n'est pas bien loin. Notre individu peut être un petit **boscot**, un bossu, ou nous impressionner par sa **procérité**, sa haute taille. Montaigne associe « beauté et procérité des personnes », celles de « belle et riche taille ».

Au milieu du corps se trouve le **gaster**, que nous appelons bidon, ventre ou deuxième cerveau. Viennent ensuite les **gigues**, les jambes surtout si elles sont fort longues. Quand nous les laissons pendantes et que les guiboles ou les gambes s'agitent, nous gambillons. C'est ce que fait le jeune Jeanlin dans *Germinal* d'Émile Zola : au fond de la mine, il « gambillait, d'une adresse de singe à se rattraper des mains, des pieds, du menton ». Disons que le gamin est ingambe car il est alerte de ses mouvements et se déplace rapidement. Puisque nous sommes dans les agitations du corps, l'oscillation continuelle de la tête est un simple branlement ou, de manière plus précieuse, une **nutation** qui peut prendre un caractère pathologique si elle est involontaire. Autre mouvement, bien plus sympathique, la **pandiculation** est l'étirement des membres, pratiquée sous l'effet de la fatigue ou le matin, au réveil, pour être de bon poil.

Qu'en est-il de la pilosité ? Il est inutile de rédiger une **pogonologie**, un traité sur la barbe, pour disserter du génie des poils géniens, c'est-à-dire ceux du menton. Ne nous attardons pas non plus sur la partie malaire puisqu'elle concerne les joues : il paraît normal de trouver ici un système pileux développé, tout au moins pour un homme. En revanche, certains poils sont mal placés. C'est le cas des **vibrisses** qui sortent des trous de nez ou des **taroupes** qui poussent sur la **glabelle**, l'espace compris entre les sourcils. Sinon à être Frida Kahlo, le monosourcil est rarement un ornement du visage. Laissons tranquille le **poil axilaire**, celui que l'on trouve à l'aisselle, et allons voir le haut du crâne. L'**oligotrichie** est un mot compliqué pour dire tout simplement que le cheveu est rare, un drame capillaire qui touche autant les peuples **ulotriques**, avec des cheveux crépus, que les populations **liotriques**, aux cheveux lisses et plats. Des mots compliqués sans doute, mais ne nous faisons pas de cheveux blancs.

Attardons-nous enfin sur l'odeur du corps, quand la **diaphorèse** du compagnon d'ascenseur est incommodante. Autrement dit, il transpire. En argot cet importun fouette et schlingue, mais avec des mots rares son corps exhale le **faguenas**, une odeur fade, pourrie, corrompue, celle du corps malpropre. En un mot : punaise, c'est un **punais** ! Pire : l'air expiré de sa bouche est nauséabond. Serait-il supportable avec un mot désuet ? L'**halenée** est l'air que l'on souffle, souvent qualifié par l'odeur qu'il exhale : une halenée d'ail, une halenée d'alcool, une halenée qui décidément ne s'est pas lavé les dents.

Frangipane & pet-en-l'air

Embéguiner, hennin, fardeur, maquignonnée, regradiller, calamistrer, alopécie, cache-folie, frimas, sardine, Belle Poule, psyché, pont-levis, ladrine, escafignon, vertugadin, busquière, bride à fesses, rhingrave, roquelaure, rabobiner, falbalasser, ferronnière, rétifisme, frangipane, tournure, pet-en-l'air, hoqueton, houseau, caratine, conjouir... c'est le pied

Avant de finir dans le plus simple appareil et dans toutes les positions, les amants de corps ou de cœur se sont parés de mille fanfreluches pour séduire. Les amants s'effeuillent, les dictionnaires se feuillettent : déshabillons-les tous !

S'ils sont fous amoureux l'un de l'autre, ils sont tout **embéguinés** : le béguin est un petit chapeau du quatorzième siècle qui a pour particularité de s'attacher sous le menton et d'être très serré. Les religieuses qui le portent, les béguines, ne sont pas toutes des friponnes mais leur coiffe est particulièrement bien attachée, à moins de tirer sur le ruban, auquel cas elle s'enlève tout d'un coup. De là – mais il faut tout de même plusieurs siècles pour que le sens se transforme – l'expression « avoir le béguin » pour désigner une passion aussi violente que passagère.

Tant que dure la tocade, les autres demoiselles n'ont plus qu'à se taponner l'occiput et, telles des paquets-cadeaux enlacés de bolduc, ajouter des faux frisottis de tissu, ou bien porter le **hennin** de leurs mères-grand qui se grandissaient de quelques centimètres grâce à ces hautes coiffes surmontées d'un voile. L'important est d'être pris au sérieux et de ne pas avoir l'air d'un **fardeur** ou d'une **maquignonnée**, lorsqu'on est emparfumé, empanaché, empantouflé, surtout que les modes passent vite : les hennins, même les plus beaux, sont pris en haine, tombent en désuétude et c'est tant mieux.

Sous le chapeau sommeille la chevelure, du moins ce qu'il en reste, car à force de **regradiller** avec un fer à friser trop chaud la quantité de boucles a tendance à diminuer. En les **calamistrant**, en les passant au peigne fin, elles tombent, de plus en plus nombreuses, au pied de la coiffeuse. C'est un début d'**alopécie** royale qui aurait provoqué l'explosion de la mode des perruques à partir de Louis XIV[1]. Lorsque la tête du roi se déplume, tout le pays est solidaire, d'autant que le souverain n'était pas la seule victime de calvitie : si celle-ci est naissante, un **cache-folie** est un petit complément qui dissimule les zones où le cheveu ne pousse plus. Il peut aussi

1. L'alopécie est la chute des cheveux, la calvitie, venue du grec *alôpex*, le renard, qui perd ses poils tous les ans.

venir en supplément et rajouter boucles, nattes et chignons à la coiffure. Quand plus rien ne reste, ou pour suivre la mode, les crânes se parent de toupets de plus en plus hauts et compliqués. Excroissance du cerveau et de la coquetterie, certains culminent à plus de quatre-vingts centimètres. Les noms de ces perruques font rêver et dessinent de jolies images au-dessus des têtes. La perruque à **frimas**, poudrée de blanc, rappelle les flocons de neige ; la **sardine**, l'énorme perruque des magistrats, nous amène au Palais de Justice mais aussi en Angleterre où elle est encore portée. Quand le jour décline, ces sardines donnent des ombres de croquemitaine à ceux qui les portent. La perruque in-folio dépose un livre ouvert sur le front des intellectuels. La perruque **à la frégate** ou **à la Belle Poule** rappelle fièrement la victoire de la frégate *La Belle Poule* sur les Anglais en 1778. Les postiches sont des marqueurs du temps et de l'histoire si bien que, depuis qu'ils ont passé de mode, une tête à perruque désigne une personne âgée.

Faut-il mettre une **psyché** dans la chambre à coucher ? Certes, ce grand miroir ne se fixe pas au plafond mais il permet de se voir en pied et pousse à la méditation. Psyché est une jeune femme de la fable antique, la plus belle du monde, comme toutes les héroïnes, mais non la plus patiente. Elle s'est embéguinée d'un bel inconnu, qui n'est autre que le dieu Amour. Il est beau à mourir, littéralement, car le voir dans sa splendeur risquerait de tuer la femme qu'il aime : aussi ne vient-il la visiter que dans le noir le plus absolu, pour qu'elle ne le voie pas. Non seulement Psyché est impatiente mais elle est maladroite : avec la lampe qu'elle approche du dieu, elle brûle Cupidon qui s'enfuit à tire-d'aile. La leçon à tirer, en se regardant dans une psyché, est qu'il vaut mieux faire l'amour dans le noir, ce qui est discutable. *Psyché*, en grec, désigne aussi l'âme, celle qui anime le corps et lui donne la singularité. Le miroir nous rappelle l'union de l'âme et du corps et nous invite à prendre soin des deux. De cette philosophie dans le boudoir, les amants retiendront aussi qu'en amour il convient d'être philosophe, et patient.

Il faut de la philosophie pour voir son partenaire rapetisser de plusieurs centimètres lorsqu'il ôte ses **ponts-levis**, les chaussures à talons que portent les hommes au dix-septième siècle. Il faut de la philosophie lorsque le beau mousquetaire enlève ses **ladrines** (ou lazarines), ses hautes bottes qu'il a portées toute la journée et dont le nom et l'odeur rappellent les latrines. Les **escafignons**, les ancêtres des chaussettes, sont encore plus nauséabonds. Les délicats les laissent à la porte du boudoir, les fougueux ou les goujats les gardent pendant l'acte.

Il faut de la patience et du doigté pour enlever les nœuds, les boutons, les lacets et les crinolines. Sous une crinoline, on cache tout, même des enfants : c'est l'origine du **vertugadin**, inventé autour de Jeanne de Portugal au seizième siècle lorsqu'elle était enceinte. À l'arrière des porte-avions de la féminité, le faux-cul ; à bâbord et à tribord, les paniers ; à l'avant, la **busquière** qui sert à maintenir les baleines sur lesquelles s'entassent les jupons. Le coureur de jupons a besoin d'un entraînement constant. Il ne franchit la ligne d'arrivée qu'une fois passées les fourches caudines de la modeste, de la friponne et enfin de la secrète. Après celle-ci, il a le plaisir de vérifier que les femmes sont les premières sans-culottes : elles ne portent même pas de **bride à fesses**, l'ancêtre du string. Les vêtements masculins ne sont pas de reste car pour enlever les rubans des **rhingraves** ou défaire les douzaines de boutons des **roquelaures**, il faut de tout petits doigts, ou être à plusieurs dans la partie, qui s'appelle alors partie fine ou partie carrée.

Les liaisons dangereuses du beau et du faux sont fécondes, à toutes les époques. Aujourd'hui, c'est au corps d'être le ferment de la séduction, quitte à le modeler, le trouer, le peindre, le **rabobiner** de tous les côtés à coups de bistouri, mais longtemps ce privilège a été assumé par le vêtement et l'ornement. Les parades de séduction passent par la belle apparence, le luxe et le goût du détail. Les étoffes sont **falbalassées** ou chamarrées d'orfroi, les robes sont fleuries de festons, les oreilles cliquettent au son des pendeloques, les têtes à celui des **ferronnières** qui trônent au milieu du front. Quand la pudeur est de rigueur, tout ce qui dépasse est orné. Aucune extrémité n'est épargnée : les pieds sont source de jouissance et de convoitise. Ils incitent à la passion du **rétifisme**, en l'honneur de Rétif de la Bretonne, auteur du *Pied de Fanchette*, la bible de tous les fétichistes du pied.

L'odeur est essentielle : les peaux, les vêtements sont parfumés et donnent lieu aux **gants « à la frangipane »**. Pour les distraits, les mouches de taffetas signalent une partie du corps et signifient : discrète, mariée ou assassine. Pour les nonchalants qui cherchent à tuer l'ennui sans porter atteinte à l'arrière-train des pauvres drosophiles, elles désignent une petite touffe de poils sous le menton, nommée royale sous Louis XIII et impériale sous Napoléon III.

Les atours d'amour sont nombreux et fantasques : à travers les siècles, ils déploient les désirs et les fantasmes, alors même que le corps est caché. Pour donner de l'ampleur à leurs hanches et souligner la finesse de leur taille, les femmes s'entourent de falbalas, puis, oiseaux en cage de fer, sont emprisonnées de crinolines immenses, de **tournures**, dont les hypocrites faux-culs. Les plus vaniteuses ayant de grandes ambitions y ajoutent une veste nommée **pet-en-l'air**. Il est très difficile de s'envoyer en l'air avec un pet-en-l'air, il est même impossible de s'asseoir si bien que des fauteuils spécifiques sont créés pour l'occasion.

Les pauvres ont plus de chance : ils détachent leur **hoqueton**, qui ne comporte qu'un bouton, ôtent sans relève-quartier leurs sabots, leurs **houseaux** ou leurs **caratines** et sont prêts à **conjouir**, c'est-à-dire prendre son pied.

Passons à l'aimoir

Mugueter, aimoir, blandices, se sentir tribouillé, madrigaux, baladinage, cubiculaire, emparadiser, anacréontique, gomorrhéen, tribader, candaulisme, attrition, raimer, callipédique

– *Connais-tu la différence entre le sexe et l'amour ?*
– *Non...*
– *Viens, je vais te montrer !*

S'il veut séduire, le dragueur maladroit doit choisir ses mots et ses gestes avec soin. Il faut du doigté et du vocabulaire pour mugueter, faire le muguet, c'est-à-dire courtiser. Être amoureux rend toujours un peu cloche. Au moment de conclure, il est préférable d'éviter la banquette arrière de la voiture, sur le parking d'une discothèque. Mieux vaut privilégier l'**aimoir**, la chambrette propice à l'amour. Dans le magazine La Vie parisienne, le 16 novembre 1918, alors que vient de se terminer la Première Guerre mondiale, l'humeur est à l'amour : « L'ameublement ? Aucune importance. Il en est de l'aimoir comme des lettres d'amour : le style n'y compte pour rien. » Le journal précise que « ce qui caractérise l'aimoir, c'est que l'on n'y passe pas la nuit et que les volets en restent clos le long des clairs matins. Il s'anime de cinq à sept heures, l'hiver surtout ».

La divine Colette, dans son *Ingénue libertine*, nous conduit à l'aimoir : « Vous verriez quel bath aimoir, avec quels divans ! » Il faut surtout placer une armoire dans l'aimoir, pour y cacher l'amant.

L'aventure se poursuit avec quelques malicieuses **blandices**, des flatteries pour séduire, ou avec des **madrigaux** qui, eux, sont des paroles galantes, pour séduire également. La fin justifie les bons mots. Dans tous les cas, évitons les **baladinages**, des plaisanteries burlesques. Viennent maintenant les plaisirs **cubiculaires**, un terme inventé par Léon Daudet dans le premier tiers du vingtième siècle pour désigner la chambre à coucher. Tout est désormais prêt pour nous **emparadiser**, le mot n'ayant pas besoin de définition puisqu'il nous conduit au paradis. Pour se désinhiber, prenons un verre d'*Alcools*, avec Guillaume Apollinaire, car le poète nous promet que « nous aurons des baisers florentins sans le dire », que l'anglophilie a transformé en *French kiss*.

Face à la belle, l'amant ressent mille sensations, qu'il peut décrire d'un seul verbe, si les mots lui manquent : « Je me **sens tout tribouiller** le cœur quand je te regarde », dit Lubin à Claudine dans *George Dandin ou le Mari confondu*, la comédie-ballet de Molière. Lubin est en feu, il brûle d'amour :

il arde pour Claudine. Le verbe arder n'est pas à l'origine du « hardeur », un acteur spécialisé dans les films pornographiques, du *hard porn* en anglais. Pourtant, l'expérience l'a prouvé, il est délicat de parler pornographie au premier rendez-vous, sous peine d'en faire aussi le dernier. La langue française nous offre un joli mot pour désigner ce qui relève d'un érotisme léger et gracieux : **anacréontique**, formé sur le nom d'Anacréon, un poète grec du sixième siècle avant notre ère, dont nous n'avons conservé que des fragments mais qui nous a laissé cette belle formule : « Il est dur de ne pas aimer, il est dur aussi d'aimer ; mais il est bien plus dur encore d'aimer sans être heureux. » L'amour est aussi affaire de dureté.

Désormais, tout est permis, même les pratiques **gomorrhéennes** qui, venant de Gomorrhe, évoquent l'homosexualité féminine, le saphisme, le tribadisme. Elles laissent un verbe étrange dans notre langue : **tribader**, c'est gambader entre filles sur le mont de Vénus. Le vocabulaire des pratiques sexuelles fait le délice de Jean Fauconney, sans doute un spécialiste, quand il écrit en 1902 *La Prostitution. La débauche à Paris, les maisons de tolérance, la prostitution clandestine, règlements de police, caractère des prostituées* :

La Fellatrice, coquette, trompant le désir, pour en prolonger les brûlants accès ; la Tractatrice, venant de l'Orient parfumé où les plaisirs qui font rêver sont en honneur ; la Subagitatrice, fille de Lesbos ; la Lémane, avec les voluptés douces et chatouilleuses ; la Corinthienne, qui pourrait les remplacer toutes ; l'agaçante Phicidisseuse, aux dents dévorantes et lutines, dont l'émail semble intelligent ; enfin, la brillante et fougueuse Propétide qui montre, en fuyant, les trésors qu'elle ignore elle-même, et qu'elle offre aux autres de contempler d'un œil enivré, de flatter d'une main caressante.

Que font ces dames ? Nous vous laissons imaginer. L'amour est un spectacle affriolant pour les adeptes du **candaulisme**. Dans l'antique Lydie, en Asie mineure, le roi Candaule est chaque jour fasciné par la beauté de sa femme, Nyssia. Elle est si belle que le roi peine à décrire son corps parfait. Pour convaincre Gygès, un homme de son entourage, Candaule élabore un stratagème : il invite Gygès à se cacher dans la chambre pour observer la reine nue, au moment de se mettre au lit. Candaule prend du plaisir à ce spectacle et le candaulisme est l'excitation d'un homme devant sa femme offerte. L'histoire se termine de manière tout aussi affriolante. Nyssia se rend compte du petit manège et menace Gygès : elle lui donne le choix entre se tuer pour expier son voyeurisme ou mettre à mort Candaule puis prendre sa place sur le trône et dans le lit. Gygès n'hésite pas longtemps : il tue le roi.

En octobre 1844, dans le journal *La Presse*, Théophile Gautier publie *Le Roi Candaule*, une nouvelle qui se termine bien, si ce n'est pour Candaule : « Le nouveau roi se maintint sur le trône de Lydie, qu'il occupa pendant de longues années, vécut heureux et ne fit voir sa femme à personne, sachant trop ce qu'il en coûtait. » Quelques années plus tard, en 1869, Charles Baudelaire écrit *L'Art romantique* et s'intéresse au *Roi Candaule* de Théophile Gautier : « S'il est un sentiment vulgaire, usé, à la portée de toutes les femmes, certes, c'est la pudeur. Mais ici la pudeur a un caractère superlatif qui la fait ressembler à une religion ; c'est le culte de la femme pour elle-même ; c'est une pudeur archaïque, asiatique, participant de l'énormité du monde ancien, une véritable fleur de serre, harem ou gynécée. » Peut-être une fleur de l'aimoir...

Après autant d'amour, reste peut-être une légère **attrition**. Le *Dictionnaire de l'Académie* définit l'attrition comme une « usure par frottement de deux corps durs ». Immortels coquins ! Pour ceux qui se sentent fautifs – ils ont bien tort –, l'attrition signifie aussi les regrets fondés sur la crainte des châtiments éternels.

Quand ils ont quitté l'aimoir, les amants risquent le désamour, un refroidissement des sentiments qui marque la fin de l'amour, tout au moins jusqu'au prochain rendez-vous. Sous la plume de Voltaire, spécialiste des saillies, naît le verbe **raimer**, qui est aimer de plus belle. Sait-on jamais, l'aventure peut durer plus longtemps car si les amoureux disposent d'atouts **callipédiques**, c'est qu'ils sont dotés des conditions nécessaires pour faire de beaux enfants.

Le boire & le manger

Les convives sont installés pour partager un repas et quelques bons mots. Les arts de la table se marient bien avec ceux de la conversation, même s'il est mal élevé de parler la bouche pleine. Soudain, un attablé aviné se lance dans un discours truffé de mots incompréhensibles : l'alcool délie les langues mais les rend pâteuses. Levons notre verre à la santé des mots endormis. Beaucoup ont sombré dans l'alcool qui, par chance, conserve aussi bien qu'un dictionnaire.

Au moment de faire bombance, les mots désuets disent les mets démodés. Le discours gastronomique est né au début du dix-neuvième siècle, quand brilla Brillat-Savarin. Spécialiste de la bonne chère, il pouvait s'appuyer sur un vocabulaire séculaire : en cuisine, les mots sont pléthoriques, ciselés, tamisés. Ils nous conduisent jusqu'au cinquième quartier, un univers magnifique et chantant.

Le dictionnaire offre tous les ingrédients d'une étrange conversation où tous les mots se mélangent, par ordre alphabétique. La France est la patrie de la gastronomie et sa langue s'en ressent : le fumet est délicieux.

Portons des brindes au risque d'être en brindezingue…

Fiasque, bacbuc, brinde, hanap, brindezingue, tine, tinette, ouiller, ouillette, ouilleur, polydipsie, oxymel, ratafia, tafia, cécube, picrate, piot, reginglard, besaigre, ginguet, popine, ripopée, licheur, ribote, bamboche, godaille, soudrille, soudard

Boire sans soif et faire l'amour en tout temps, Madame, il n'y a que ça qui nous distingue des autres bêtes.

Beaumarchais,
Le Mariage de Figaro, 1784

« Peu importe le flacon, pourvu qu'on ait l'ivresse », clame le philosophe éméché accoudé au comptoir. Son compagnon lui fait remarquer qu'il serait dommage de ne pas s'intéresser aux mots que les hommes ont inventés pour désigner les récipients. C'est ma tournée !

Derrière le zinc sont exposées les boutanches, les flacons, les **fiasques** et des tas de chopines : soyez les bienvenus dans la grande famille de la **bacbuc**, la Dive Bouteille. Au seizième siècle, dans le *Quart Livre*, Rabelais sort de la cave un mot hébreu, *baqboūq*, qui désigne le flacon. Il précise son origine : « Ainsi dicte du son qu'elle faict quand on la vuide. » Bacbuc : l'onomatopée devient étymologie. Rabelais est de ceux qui enrichissent la langue, chargée et pâteuse, par la magie des emprunts et des adaptations. Il offre à la « dive Bacbuc » le titre honorable de « noble pontife », idéal au moment de servir du châteauneuf-du-pape afin de trinquer ou plus exactement de porter des brindes, la **brinde** étant un verre à boire. Si l'appendice nasal est trop long, à coup sûr il faudra un **hanap**, un grand vase à boire : « Pour boire, faites-vous fabriquer un hanap ! » ironise Cyrano dans sa célèbre tirade, quitte à en avoir un coup dans le nez.

Une brinde, ça va, trois brindes bonjour les dégâts. À force de toaster autre chose que du pain de mie, le risque est d'**être en brindezingue**, c'est-à-dire complètement ivre. L'industrie vinicole est dense de savoirs et d'autant de mots rares. La **tine**, sorte de tonneau, est utilisée pour transporter la vendange. Selon les régions, elle est remplie de lait ou d'eau, et devient même le récipient qui contient toute matière explosive dans l'industrie des poudres et des salpêtres. La petite tine est une **tinette**, qui désigne aussi une châsse à reliques : il y a toujours un peu de religieux dans le divin et dans le vin, même sans être de messe.

Dans les chais, les anges consomment une grande quantité du précieux breuvage. La part des anges est la quantité d'alcool qui s'évapore du fût quand le vin vieillit. Il faut alors combler le manque, il faut **ouiller** pour maintenir le niveau dans le tonneau en ajoutant du breuvage de même nature. Le petit instrument en forme d'entonnoir utilisé pour cette opération porte le joli nom d'**ouillette** mais parfois le vigneron utilise un **ouilleur**.

Nous voici prêts à lutter contre la **polydipsie**, la soif excessive. Toute boisson fera l'affaire : l'**oxymel**, à base de vin, de miel et de vinaigre ; le **ratafia**, une macération de fruits dans de l'eau-de-vie ; ou le simple **tafia**, la liqueur de canne à sucre. Optons pour le **cécube**, le mythique vin de l'Italie ancienne, et évitons la piquette, le **picrate**, le **piot** et le **reginglard**. Tous ces vins sont **besaigres** : âpres, ils piquent la bouche, c'est sur. Un humain qui tourne besaigre est quelqu'un qui s'aigrit, qui tourne vinaigre, sans doute parce qu'on lui a servi un vin **ginguet**, un peu vert, le genre de vinasse que l'on boit dans une guinguette, par exemple à Joinville-le-Pont, pon pon.

À défaut de guinguette, nous pouvons nous encanailler dans une **popine** qui est un cabaret, une taverne. Par métonymie, ce mot désigne le moment d'ivresse, la beuverie que poétise Verlaine dans « Nous sommes bien faits », tiré des *Odes en son honneur*, en 1893 :

Lourd de doctrine et de scrupule,
(Le tout un peu décomposé)
Mais au fond très bien disposé
Pour la popine et la crapule

Pourtant, est-il plus grande crapule que le cabaretier qui mélange les restes de différents vins pour servir une **ripopée** ? Issu des tavernes, ce mot est utilisé par les critiques littéraires quand il s'agit de condamner les œuvres qui manquent de cohérence : le cabaretier et le dramaturge peuvent commettre une horrible ripopée. Jules Barbey d'Aurevilly s'installe au comptoir en 1868 : « Quel maigre et plat bouillon, si vous saviez ! fait avec les vieux os de tous les vaudevilles morts depuis quarante ans. On appelle cette nauséabonde ripopée *Les Tribulations d'un témoin* », une pièce mal vieillie d'Adrien Decourcelle.

Nous voici **licheurs**, parés à faire la **ribote**. Traduisons : puisque nous aimons boire et manger, même avec excès, nous sommes prêts à la beuverie, la **bamboche** et la bombance, la **godaille** et la ripaille. Nous voici devenu **soudrilles, soudards**, éponges. C'est à boire qu'il nous faut mais, comme il est d'usage, l'alcool doit être consommé avec mots choisis et modération.

Une bande de gouliafres

Bombancer, embucquer, gobichonner, gouliafre, lycorexie, gouliafrée, godaille, queux, symposiaque, mâche-dru, frippe-lippe, balatron, incubitation, adéphagie, frigousse, frigousser, fricot, chipotier, picoreur, agourmandi, médianoche, croustille, croustillon, dinanderie, chapeler, émier, égruger, égrugeoir, gruger, grugeur, épreindre, brasiller, havir

Le vocabulaire de la gourmandise est savoureux. Depuis le mammouth dépecé jusqu'à la cuisine moléculaire, l'être humain a eu le temps d'inventer des mots précieux pour parler de la bonne chère. Nous aimons **bombancer**, nous **embucquer**, nous en mettre plein le bec, et parfois **gobichonner**, c'est-à-dire déguster, savourer.

Le gourmand s'est vu affublé de beaux mots croquants. Au moment de faire une bonne ventrée, il est un **gouliafre**, un glouton, un goulu. En langage savant, le gouliafre est atteint de **lycorexie**, il a étymologiquement une faim de loup. Cependant, ce gouliafre qui mange beaucoup et salement n'est pas toujours un obèse mâle bâfreur. Parfois, c'est un enfant et même une mignonne petite fille. Dans *Quatre-vingt-Treize*, le roman révolutionnaire de Victor Hugo, la vivandière assiste à la ferveur d'une féroce téteuse :

Ma pauvre bonne femme de ce pays-ci, vous avez de jolis mioches, c'est toujours ça. On devine leur âge. Le grand a quatre ans, son frère a trois ans. Par exemple, la momignarde qui tette est fameusement gouliafre. Ah ! la monstre ! Veux-tu bien ne pas manger ta mère comme ça !

À force d'être avide de nourriture, le gouliafre a formé un autre mot gourmand : la **gouliafrée**, l'orgie où les débordements ont lieu sur et sous la table. Nous voici en **godaille**, nous faisons godaillons ou plus simplement nous godaillons, du verbe « godailler ». Nous nous livrons à une débauche de table et de boisson. Le verbe godailler est utilisé par Jean-Joseph Vadé, chansonnier du dix-huitième siècle, dans un poème qu'il qualifie lui-même d'« épi-tragi-poissardi-héroïcomique », *La Pipe cassée*. L'orgie n'est jamais loin du festin, peut-être par la présence des **queux**, des cuisiniers, demeurés dans notre langue avec le maître-queux. Pourtant, n'imaginons pas que tous les banquets soient licencieux. Souvenons-nous de celui de Platon où les **symposiaques** sont des propos de table de haute volée. Sages ou coquins, voici l'heure de la bectance et de la jarre, le temps de casser la graine et de faire tortore.

Au moment de composer le menu, les gourmands se voient attribuer des noms composés. Le **mâche-dru**, qui mastique avec vigueur, s'attable en compagnie du **frippe-lippe**, sachant que la frippe désigne tout ce qui se mange. Parfois, le goinfre est un **balatron**, un gourmand capable de débauche. Le mot balatron a une histoire succulente. Balatro, devenu Balatron en français, est un personnage présent chez Horace, dans les *Satires*. Le bonhomme se distingue par son style de vie bien arrosé. Le *Dictionnaire* de Trévoux précise que le nom a pu servir pour qualifier tous les débauchés de Rome : cette antique bande de balatrons était passée maîtresse dans l'**incubitation**, la manière de manger couché en s'appuyant sur le coude, souvent levé. Dans sa sagesse pleine de morale, Trévoux avance d'autres hypothèses sur l'origine des balatrons : ces débauchés jetaient sans doute leurs biens comme dans un gouffre, *in barathram mittant*. L'étymologie est imagée mais une autre, plus fantaisiste, entend dans le balatron le bêlement de la brebis, *balatus* : comme l'ivrogne en fin de repas, il parle trop. Plus simplement, le balatron déblatère comme le faisaient le *blatero*, le beau parleur, ou bien peut-être danse-t-il, du latin *balare*. Enfin, et de manière plus étonnante, le bien nommé Festus, auteur antique, nous annonce en latin que *balatrones* désigne les taches de terre que le marcheur peut faire sur ses vêtements : de l'habit couvert de boue à la liquette maculée des restes du repas, il n'y a qu'un pas. Chaud devant !

Puisque l'appétit vient en mangeant, dévorons opulemment les bons mots de la table. La grosse **adéphagie** est la voracité, quand la faim démesurée s'apparente à de la boulimie, à l'amour de la **frigousse**. Dans *L'Assommoir*, Émile Zola invite Gervaise à souper chez les Lorilleux, la sœur et le beau-frère de Coupeau qui, ouvrier zingueur, a trop fréquenté le zinc. Un balatron de premier ordre est aussi présent ce jour-là : Boche, le concierge de la maison ouvrière. Les Lorilleux et Boche sont radins et refusent d'aider Gervaise, qu'ils surnomment « la Banban », misérable et affamée :

Ils avaient assez vu sa figure, ils ne voulaient pas chez eux de la misère des autres, quand cette misère était méritée. Et ils se laissèrent aller à une grosse jouissance d'égoïsme, en se trouvant calés, bien au chaud, avec la perspective d'une fameuse soupe. Boche aussi s'étalait, enflant encore ses joues, si bien que son rire devenait malpropre. Ils se trouvaient tous joliment vengés des anciennes manières de la Banban, de la boutique bleue, des gueuletons, et du reste. C'était trop réussi, ça prouvait où conduisait l'amour de la frigousse. Au rencart les gourmandes, les paresseuses et les dévergondées !

Dans la frigousse, autrement dit la bonne chère, nous retrouvons un peu de fricassée et de fringale, mais aussi le suffixe *-ousse*, qui lui donne de la rondeur, comme pour la frimousse. Le nom commun devient verbe quand **frigousser** signifie cuisiner. Ainsi, nous dirons que nous frigoussons le **fricot** : ce ragoût de viande grossièrement cuisiné est devenu un repas plantureux, quand nous faisons fricot. Pas question d'être **chipotier** ou **picoreur**, de chipoter ou de picorer, car nous voici maintenant **agourmandis**, devenus gourmands, prêts à nous jeter sur la nourriture comme pour un **médianoche**, un repas pris juste après minuit, quand les douze coups enfin sonnés marquent la fin d'un jour maigre. Les religions ont de ces petites contraintes alimentaires qui offrent ces plaisirs nocturnes mais prenons garde aux crises de foi.

Avant de servir, attention de ne pas laisser un cheveu sur la soupe. Cette faute de goût guette avec la **croustille**. À l'origine, le mot désigne la croûte du pain, puis la petite croûte, autrement dit le **croustillon**. Le sens s'est étendu à ce qui craque sous la dent, qui croustille, et les simples chips ont longtemps été des croustilles. Par métonymie, le repas frugal est devenue croustille. Le 4 août 1680, Madame de Sévigné a bien mangé. Elle écrit à sa fille que, d'après elle, « il ne faut pas que les plaisirs deviennent des fatigues, et que les chasseurs règlent la vie des dames sur l'heure de leur appétit. Je trouve cette vision fort plaisante, de faire quelqu'un le maître du temps, du lieu et des mets de vos croustilles. »

Faire une partie de croustille, c'est manger de bon appétit mais le mot désigne également un ornement de coiffure de femme. Enlevons ce cheveu ou ce poil de la soupe et allons dans la cuisine. Là se trouve la **dinanderie**, l'ensemble des ustensiles de cuivre jaune, tels qu'ils sont fabriqués à Villedieu-les-Poêles, dans la Manche.

Les actes culinaires offrent des mots chantants, sans doute parce qu'ils sont nés autour d'un piano, d'un fourneau, et d'une batterie, au son de la mandoline. Dans un coin, un aide de cuisine s'active à **chapeler** quelques croûtes de pain pour faire de la chapelure. Dans la guerre que se livrent les mots, chapeler, **émier** et émietter se sont affrontés sans merci. Nous savons qui a gagné : émietter, le plus jeune, apparu au seizième siècle quand ses adversaires sont médiévaux.

Dans un autre coin de la cuisine, un marmiton novice **égruge** avec un **égrugeoir** : il réduit en miettes de gros grains de sel pour que celui-ci devienne fin. Au Moyen Âge, période charmante à croquer, le mot « grugier » était utilisé pour réduire grain, pour broyer. De là est né le verbe **gruger** qui signifie la même chose mais prend le sens de croquer : Ève a grugé la pomme. L'ampleur du mot s'étend encore quand il signifie manger, dévorer à pleines dents. C'est ce que fait Amédée Pommier en 1844 dans son poème *Égoïsme* :

C'est à qui grugera le mieux jambon et daube ;
On se trémousse, on rit de minuit jusqu'à l'aube.

Celui qui gruge est un **grugeur**. Si c'est une femme, c'est une grugeuse. Dans tous les cas, il faut utiliser un grugeoir, l'ustensile qui permet d'écraser le gros sel. Le sculpteur gruge ses pierres quand il retire les parties trop dures. Gruger, c'est enlever quelque chose. Ce n'est qu'au dix-septième siècle que gruger devient synonyme de tromper, d'escroquer. La grugeuse, gentille croqueuse de noisettes, devient alors une friponne, qui croque toujours.

Au fond de la cuisine, discret travailleur, un commis s'affaire à **épreindre** des herbes et du citron : il les presse avec les doigts pour en faire ressortir le jus, le suc. Ce cuisinier en herbe vit sous la pression du chef, qui le tourmente, le presse, l'assaille de toute part, autrement dit l'épreint. L'action peut être un geste tendre. Dans *Les Amours de Psyché et de Cupidon* en 1669, année déjà érotique, Jean de La Fontaine nous raconte que « Vénus était assise dans une conque en l'état d'une personne qui viendrait de se baigner et qui ne ferait que sortir de l'eau ; une des Grâces lui épreignait les cheveux encore tout mouillés ». Allons donc...

Pour les cuisiniers de l'été, dans le jardin, un peu de charbon de bois fait de la bonne braise. Il est alors possible de **brasiller** quelques merguez, chipolatas et côtes de bœuf. Brasiller est tout de même plus engageant que « cuire au barbecue ». Il faut faire attention de bien **havir** la viande, qu'elle soit cuite en surface mais pas en dedans, qu'elle soit bleue. Rien n'est laissé au hasard, ni le temps de cuisson, ni la température du feu : une bonne braise doit être bien chaude. Quitte à brasiller, autant le faire avec soin, ce qui laisse le temps d'aller voir si le tripier a encore un cœur.

Le cinquième quartier

Amouille, rognonner, animelles, laitance, axonge, crépinette, caillette, amourettes, fraise, fressure, grattons, chaudin, trénel, manoul

Le cinquième quartier est un voyage au centre de la langue française, dans ses tripes et dans les entrailles des dictionnaires. L'expression désigne tous les éléments qui appartiennent à un animal de boucherie en dehors de sa viande : peau, graisse, abats, sang, appareil digestif, os. Les quatre autres étant réservés aux morceaux dits nobles, promenons-nous dans l'interlope cinquième quartier.

Les tripiers sont des poètes assassins, à l'instar de Lacenaire qui a grandi à Lyon, la capitale de la gastronomie et la maison mère de la confrérie des Francs-Mâchons qui, depuis 1964, veille sur la ville. Ils sont partout, surtout à Paris, où ils comptent les pieds de cochon, aux Halles. C'est chez un tripier que Cadine et Marjolin, les enfants abandonnés dans *Le Ventre de Paris* d'Émile Zola, vont se repaître de

« l'horreur exquise » des « grandes langues roidies montrant les déchirements saignants de la gorge, les cœurs de bœuf solides et décrochés comme des cloches muettes ». Ils cherchent, et trouvent, un « frisson à fleur de peau ». Fouillons avec eux :

les grands paniers qui suent le sang, pleins de têtes de moutons, les cornes grasses, le museau noir, laissant pendre encore aux chairs vives des lambeaux de peau laineuse ; ils rêvaient à quelque guillotine jetant dans ces paniers les têtes de troupeaux interminables. Ils les suivaient jusqu'au fond de la cave, le long des rails posés sur les marches de l'escalier, écoutant le cri des roulettes de ces wagons d'osier, qui avaient un sifflement de scie. En bas, c'était une horreur exquise. Ils entraient dans une odeur de charnier, ils marchaient au milieu de flaques sombres, où semblaient s'allumer par instants des yeux de pourpre ; leurs semelles se collaient, ils clapotaient, inquiets, ravis de cette boue horrible. Les becs de gaz avaient une flamme courte, une paupière sanguinolente qui battait. Autour des fontaines, sous le jour pâle des soupiraux, ils s'approchaient des étaux. Là, ils jouissaient, à voir les tripiers, le tablier roidi par les éclaboussures, casser une à une les têtes de moutons, d'un coup de maillet. Et ils restaient pendant des heures à attendre que les paniers fussent vides, retenus par le craquement des os, voulant voir jusqu'à la fin arracher les langues et dégager les cervelles des éclats des crânes. Parfois, un cantonnier passait derrière eux, lavant la cave à la lance ; des nappes ruisselaient avec un bruit d'écluse, le jet rude de la lance écorchait les dalles, sans pouvoir emporter la rouille ni la puanteur du sang.

Les tripiers sont des peintres, des peintres d'écorchés. C'est chez un tripier des Halles que le lecteur de Zola rencontre pour la première fois Claude Lantier, le peintre de *L'Œuvre*. Le diaphragme emprunte au photographe pour devenir la hampe, le chevalet sert à la fois aux détenteurs de pinceaux et de couteaux. Partie à cause de l'uniformisation des goûts, partie à cause des crises alimentaires dans le secteur agro-alimentaire, partie enfin à cause des normes sanitaires, le cinquième quartier est en voie de disparition : les Halles de Zola ont été avalées par un plus gros ventre de Paris, le RER et le Forum.

Les tripiers sont des sculpteurs de chair : leurs mains puissantes et délicates manient avec éclat l'art de l'euphémisme et la métaphore. Elles transforment des amas de glandes et d'organes déliquescents en abats appétissants et recherchés. Elles plongent dans des boyaux puants pour en extraire des joyaux pour gourmets. Une fois préparés, foies, poumons, rates, cœurs, joues, palais, gencives et viscères, tout ce que les bêtes comptent comme intérieur particulier, se parent d'exquises appellations, à l'origine pas toujours contrôlée. À peine sevré de l'**amouille**, le petit veau, élevé sous sa mère, donne son ris en pleurant. Il donne aussi sa langue, sa tête, sa moelle, son museau, mais, grâce au génie de la langue du cinquième quartier, tout cela se termine gaiement, dans les ris et chansons, à table. Ses reins, comme ceux du mouton, se dégustent en rognons. Si l'un des invités **rognonne**, ou fait du boudin, parce qu'il ne mange pas de viande rouge, il n'aura qu'à se contenter de rognons de coq, qui désignent les testicules du coq, mais qui sont plus fades. Les végétariens auront droit à des assiettées de cervelle de canut, un fin fromage blanc. Qu'ils se méfient toutefois du fromage de tête qui recèle beaucoup de tête (et aussi un pied et une langue), mais très peu de fromage.

Vous êtes au régime sans gluten ? Merveille ! Sustentez-vous de belles **animelles**. Les animelles sont les parties délicates, c'est-à-dire les testicules, elles se marient très bien avec le sarrasin. Vous êtes sans gluten et sans viande ? Pas d'inquiétude : la **laitance** de poisson contient tout autant de protéines et de sperme. Elle se cuisine débitée en petits morceaux, en entrée ou en entremets, masquée par son aspic, sauce merveilleuse à base de gélatine et de pieds de moutons, ou bien marinée. Elle peut aussi être frite dans de l'**axonge**, la graisse du porc. En un mot, comme le résume si bien dès 1883 la comtesse de Bassanville dans *La Cuisinière universelle, nouveau livre de cuisine contenant l'art d'utiliser les restes*, elle s'accommode comme la cervelle, un délice qui se consomme en grande quantité. Servies à plusieurs et en croquettes, les cervelles deviennent de la **crépinette**, emmitouflées dans de la crépine, aussi pudiquement appelée « coiffe » ou « toilette » de porc, c'est-à-dire un bout d'intestin. De même, la **caillette** n'est pas un volatile dodu et chaud (qui se déguste lui aussi en entrée), mais un des estomacs des ruminants. Elle est par conséquent essentielle, avec le bonnet et le feuillet, à la confection de bonnes tripes.

Puisque le ventre est le deuxième cerveau, les gastronomes rivalisent d'intelligence pour préparer la cervelle en matelote, au beurre noir, en marmelade, frite. La moelle devient les moelleuses **amourettes**, présentées en garniture ; la membrane des boyaux devient la **fraise**, qui se conserve en pot et se déguste bien avant le dessert.

Le grand art naît souvent de la contrainte et de la pauvreté. Dégorgés à l'eau froide, puis bouillis, mélangés avec un peu de lait et un jaune d'œuf, le cœur, le foie, la rate et les poumons deviennent des petits chefs-d'œuvre d'inventivité, la **fressure**. Ils se parent du doux nom de mou. Le mol mou que mamie demande au boucher de lui mettre de côté n'a pas toujours été que pour les chats, même les chats de riches. La gastronomie naît du raffinement et du luxe mais aussi de la pauvreté et de la nécessité de ne rien perdre. Même les plus infimes débris de porc ou de veau deviennent les **grattons** de Lyon, que les touristes dégustent dans les mâchons après les avoir photographiés pour les partager avec tous leurs amis virtuels. Dans le cinquième quartier, rien ne se perd, tout se transforme, tout se mange et c'est bon.

Le cinquième quartier est un voyage au centre de la France profonde, dans les entrailles des provinces et les tripes des régions. Chacune a la manière de les accommoder : viroises à la mode de Caen, à la Charentaise, en brochettes, au vin blanc, en lasagnes, au pistou et tout et tout. En Bretagne, elles sont les **chaudins**, indispensables à une bonne andouille de Guéméné, en Aveyron elles sont tressées en **trénel** ou tripettes, en Lozère elles se dégustent en **manoul**, en Auvergne en tripous ou tripoux (avec des choux). Certaines ont les honneurs des dictionnaires, comme les pieds paquets de Marseille ou le tablier de sapeur à Lyon. Toutes évoquent un pays rural, divers, passé, où les animaux, qui s'appelaient les bêtes, faisaient partie des familles et finissaient dans les assiettes : pas de quartier, il ne fallait rien gâcher, surtout pas le cinquième quartier. Dégustons une fois encore ces vieux mots qui laissent une saveur désuète à notre langue.

Une poire pour la soif

Boucon, dame de Hazé, cuisse-madame, crassane, petit-oin, brute-bonne, fondante de Brest, bon-chrétien, doyenne, virgoulée, virgouleuse, muscatine, robine, Salviati, blanquet à longue queue, ambrette, louise-bonne, marquise, martin-sec, messire-jean, saint-augustin, monstrueuse des Landes, muscat royale, nain-vert, ah-mon-dieu !, mouille-bouche

À la table du Roi-Soleil, les favorites et les courtisanes défilent, et meurent parfois pendant le dîner, victimes d'un **boucon**, un mets empoisonné. La seule à laquelle le roi est fidèle toute sa vie ne s'appelle ni Fontanges, ni Maintenon, ni Montespan, ni La Vallière, les favorites officielles. Il ne s'agit pas non plus d'une officieuse comme Bonne de Pons, dite la Louve, ou l'antique Catherine Bellier, dite « Cateau la Borgnesse », qui dépucela le souverain. Le grand amour de Louis XIV, c'est la petite **dame de Hazé**, dite aussi Dauphine et Lansac, en souvenir de Françoise de Souvré, marquise de Lansac, qui fut la gouvernante du roi.

À quoi ressemble ce grand amour royal ? Petite, la dame de Hazé n'est pas toujours commode. Elle n'est pas non plus un prix de beauté à en croire Jean-Baptiste de La Quintinie, agronome royal, qui l'a très bien connue. Elle a « l'œil gros » et la « figure entre ronde et plate par la tête », elle a une « chair jaunâtre » et, en sus, des sauts d'humeur : « La Dauphine ou Lansac, et en quelques endroits Lichefrion d'Automne, a véritablement de beaux jours, mais elle a aussi de forts vilains. » Heureusement, cueillie à temps, elle n'est pas blette et reste bonne poire.

Jean de La Quintinie est le créateur du potager du roi. Avec le monarque, il partage l'amour des fruits & des légumes en général et des poires en particulier. Il confesse en connaître plus de trois cents, en avoir goûté des centaines. Il en a sélectionné une cinquantaine digne de la Maison-Bouche, les cuisines. À Versailles, il en plante à foison. Dans ses *Instructions pour les jardins fruitiers et potagers,* parues en 1715, il en parle avec amour : comment résister à la fermeté des **cuisses-madame**, au croquant des **crassanes**, au parfum des **petits-oins**, au sucre de la **brute-bonne**, à la bonté de la **fondante de Brest**, à l'équilibre des **bons-chrétiens**, à la douceur des **doyennes** et au charme juvénile de la **virgoulée**[1]. Don Juan horticole, sa passion prédominante va à

1. La poire que La Quintinie appelle la virgoulée est dans le dictionnaire la **virgouleuse**.

cette petite poire de village, endormie comme une « perle dans sa coquille ».

La nature a doué la virgoulée de toutes les bonnes qualités : « Sa chair est tendre et fondante », « son eau est douce et sucrée », « son goût fin et relevé », elle se consomme plus longtemps que ses rivales, les voluptueuses beurrées et les piquantes bergamotes. Tout est bon chez elle, il n'y a rien à jeter, et même l'arbre qui la porte fait l'admiration de tous les spectateurs. La Quintinie, dont la femme avait un nom de fleur, Marguerite, préférait pourtant cueillir des poires : « Quand on la prend à propos, elle se trouve un des meilleurs fruits du monde. »

La nature n'est pas toujours bien faite, c'est pour cela aussi que le royal jardinier travaille sans relâche à améliorer la qualité de ses produits par divers artifices qui permettent la consommation des premiers fruits & légumes contre saison. Il s'affaire côté jardin pour satisfaire l'appétit et pour entretenir la flamme côté cour. En effet le roi (et tout le Grand Couvert avec) a tendance à se lasser vite : il y a eu la frénésie des fraises, la lubie des petits pois, à laquelle une série de problèmes gastriques a mis un terme. Heureusement la poire est plus digeste et le roi ne s'en est jamais fatigué. Grâce à La Quintinie, il peut en consommer toute l'année. Elle est son *Rêve familier* : brune, blonde ou rousse, elle est chaque fois ni tout à fait la même ni tout à fait une autre. Quelle belle pourrait avoir la peau suffisamment douce pour qu'elle soit dite beurrée, l'eau si douce qu'elle soit sucrée ?

À la belle saison, le roi se régale avec la **muscatine**, la **robine**, la cuisse-madame, voyage avec la

Salviati, se laisse impressionner par le **blanquet à longue queue**. En automne et en hiver, c'est le moment d'embrasser l'**ambrette**, de chahuter avec la **louise-bonne**, de décoiffer la **marquise**, de rester à l'abri avec le **martin-sec**, de soulever les bures brunes des **messires-jean**, pour mieux se repentir avec quelque **saint-augustin** et sept bons-chrétiens. Ces dernières font parties, selon La Quintinie, des « poires merveilleuses ».

À l'origine de cette poire, que nous appelons aujourd'hui plus volontiers Williams, il y a un miracle. En 1483, François de Paule, qui en a pourtant guéri plus d'un, est appelé au chevet de Louis XI, « à l'article ». Il ne parvient pas à le sauver mais l'invite à faire ses prières et à planter pieusement la graine qu'il lui confie. Le souverain s'avère bonne poire et le croit. Louis XI se fait jardinier et donne naissance à un majestueux poirier. Cet acte de foi, assez surprenant de la part d'un roi qui était loin d'être crédule, porte ses fruits, les poires appelées « bons-chrétiens ».

Tous les noms de fruits méritent qu'on s'y arrête, pour déguster des variétés souvent disparues de nos assiettes, nous qui nous contentons de manger des oranges, des poires, des pommes. Toutefois, la poire a une importance particulière dans notre histoire. Louis XI n'est pas le seul monarque français à être métamorphosé en poire. En 1831, Charles Philipon transforme, en quatre vignettes et un sacré coup de crayon, le roi Louis-Philippe en poire. Quelle variété a servi de modèle à l'artiste ? Une poire du ministre ? Une **monstrueuse des Landes** ? Une grosse **muscat royale** ? Une **nain-vert** (qui malgré son nom est énorme) ? Une **Ah ! Mon Dieu** ? Beaucoup de ces poires ne sont plus aujourd'hui consommées et ne vivent que dans les pages des livres de botanique. Pour Philipon, il s'agissait peut-être d'une **mouille-bouche** qui, comme le monarque, ne faisait guère l'unanimité. La Quintinie faisait déjà la fine bouche :

La verte-longue, autrement mouille-bouche d'automne, est de ces poires anciennes que tout le monde connaît, et on peut dire que des deux noms qu'elle porte, le premier fait la véritable description de ses dehors et l'autre marque sa bonté intérieure ; elle a beaucoup d'amis et beaucoup d'ennemis ; aussi ceux qui lui en veulent lui reprochent que souvent elle vient mal à propos se mêler parmi les pêches tardives et parmi les beurrées...

Les ennemis de la mouille-bouche ont fini par l'emporter, puisque cette poire figure aujourd'hui dans la liste des mots supprimés de la neuvième édition du *Dictionnaire de l'Académie*. Pourtant, il faut toujours garder une poire pour la soif et une pomme pour la faim !

Ma pomme

C'est moi... J'suis plus heureux qu'un roi...

Maurice Chevalier, *Ma pomme,* 1936

Reine des reinettes, belle fille de Salins, coquette, court-pendu, clochard, d'Api, pomologie, Grand Alexandre, belle de Pontoise

Assimilée au fruit de l'arbre de la connaissance du bien et du mal, la pomme est omniprésente sur nos tables : pour être en bonne santé, il faut croquer le fruit défendu au moins une fois par jour.

Reine des reinettes, belle fille de Salins, coquette ou **court-pendu, clochard** ou **d'Api**, ses variétés se comptent par centaines. Elles ont toutes une histoire. La pomme n'est pas un fruit mystérieux. Les botanistes ont été attentifs au destin de chacune. De 1867 à 1879, le pépiniériste André Leroy publie un imposant *Dictionnaire de* ***pomologie****, contenant* *l'histoire, la description, la figure des fruits anciens et des fruits modernes le plus généralement connus et cultivés*. En six volumes, il décrit un verger digne du jardin d'Éden.

Il nous explique, par exemple, que la pomme **Grand Alexandre** est un fruit à la taille considérable, de forme « conique arrondie, légèrement pentagone et plus ou moins allongée ». Leroy n'est pas pudique et parle franchement du pétoncle, « gros et court, planté dans un bassin de dimensions assez variables ». La pomme Grand Alexandre serait venue de Russie au dix-huitième siècle, et pas du tout de Macédoine : l'Alexandre en question n'est pas le Grand mais le tsar de Russie, Alexandre Ier. Elle aurait été nommée ainsi par un pépiniériste anglais venu chercher quelques greffes à Riga et voulant rendre hommage à celui qui s'était allié à l'Angleterre contre Napoléon. Après être passé par la Belgique et l'Allemagne, ce n'est qu'en 1838 que ce pommier arrive en France. Leroy en conserve un souvenir impérissable :

La grosseur qu'atteint ce fruit est quelquefois si considérable qu'en 1846 j'en ai vu d'exposés, à Lille, qui mesuraient 37 centimètres de circonférence. Quoiqu'il soit assez difficile de le confondre avec toute autre variété, cependant il a figuré sous de faux noms dans divers concours, notamment à Paris en 1867, où chacun a pu le remarquer étiqueté Pauline de Vigny, *puis* Verdin de Hollande. *Parfois aussi il a été vendu pour le* Grand-Richard.

La Grand Alexandre a fait des petits : en 1869, un pépiniériste de Pontoise, un certain Monsieur Rémi, a travaillé l'arbre et a fait naître la **belle de Pontoise**. Les pommes sont ainsi, elles diffèrent par leur taille et par la couleur, par leur goût aussi, mais elles ont toutes une histoire, la nôtre, et puisque nous sommes gourmands de beaux mots, il est temps de se mettre à table.

À table !

Abat-faim, galimafrée, salmigondis, salmis, tartaufle, tartifle, sot-l'y-laisse, saupiquet, patronnet, croquembouche, dariole, gimblette, pet-de-nonne, gastrolâtre, ragoulé, émétologie, débagoulage, empyreume, suavéolent, gravéolent, chancissure, vené, touaille, gobichonner

Maintenant que les courses sont faites, passons – enfin ! – à table. Commençons la dînette par un **abat-faim**, qui porte bien son nom car il est le plat de résistance servi au début du repas. Nous nous régalons d'une **galimafrée**, une fricassée de viandes qui doit être savamment préparée sous peine de devenir un plat peu appétissant, indigeste, qui lui aussi s'appelle galimafrée, le mot ayant les deux sens. Il en est ainsi du ragoût qui se transforme souvent en un mets peu ragoûtant.

Le **salmigondis**, préparation à base de viandes, date de la veille : tant mieux, réchauffé, il est meilleur. Voici la recette selon la huitième édition du

Dictionnaire de l'Académie française : le salmigondis est un « ragoût de diverses sortes de viandes réchauffées. *Elle fit un salmigondis de toutes les viandes qui étaient restées de la veille.* Il se dit figurément et familièrement d'une conversation, d'un discours, d'un écrit où sont mêlées confusément toutes sortes de choses disparates. *Ce livre est un salmigondis où il y a quelques bonnes choses mêlées à beaucoup de sottises.* » Un gourmand voleur de mot est passé par là : le salmigondis a disparu de la cuisine, il a quitté la table pour qualifier tout ramassis disparate d'idées ou de personnes, un fouillis. Quand il écrit au comte d'Argental, le 3 décembre 1757, Voltaire parle de Madame de Montferrat, « un joli salmigondis de dévotion et de coquetterie ». La pique est plus élégante : le philosophe aurait pu dire qu'elle n'est qu'une bécasse.

Ôtez le « *-gondis* » du salmigondis et il vous reste un **salmis**, un mets composé de gibier à plumes. Au mitan du dix-neuvième siècle, sur la carte du restaurateur Rajat, successeur de Véfour au Palais-Royal, les convives ont le choix entre du perdreau en salmis (trois francs et cinquante centimes la moitié), le même aux truffes qui nous le porte à cinq francs, de la perdrix, du faisan, de la bécasse, de la bécassine, du canard sauvage et même de la gélinotte en salmis, à trois francs et cinquante centimes. Un ouvrier gagne alors trois francs par jour et, pour ne pas être ruiné pendant que son patron dîne au Véfour, il se contente de quelques **tartaufles**, le nom vulgaire donné à la pomme de terre, ou **tartifles**, que l'on retrouve avec du reblochon pour une tartiflette.

Parfois, le dimanche, une bonne volaille fait le plaisir de la tablée, avec une attention portée au **sot-l'y-laisse**, le morceau délicat au-dessus du croupion qu'il serait bien idiot de ne pas manger. Pour faire la blague, si le mets n'est pas assez relevé, il faudra l'accompagner d'un **saupiquet**, une sauce épicée où les oignons et le vin rouge sont liés avec du pain grillé.

Hors de question de quitter la cuisine sans une note sucrée. Le **patronnet** est le garçon pâtissier qui prépare toutes sortes de **croquembouches**, **darioles** et autres **gimblettes**. La dariole est rigolote, petite pâtisserie de pâte feuilletée comme les pages d'un dictionnaire. Elle est garnie de confiture ou de crème, très parfumée. Les darioles d'Amiens sont renommées. Le journal *Le Monde illustré*, du 8 août 1857, s'intéresse à la pâtisserie parisienne et demande : « Savez-vous ce que c'est que la *dariole* et les *darioleurs* ? » Après une longue enquête, le journaliste annonce que le gâteau existait au seizième siècle et qu'il est « contemporain des *fouaces* de Normandie et des *gohières* et *popelins*, sortes de flans à la crème et au fromage ». Il est aussi question d'autres délices dont les échaudés, des gâteaux feuilletés déjà connus au treizième siècle, dont se régalait encore deux siècles plus tard François Villon, « ce poëte aux mœurs tapageuses ». Chose étrange, le mot « dariole » a pris d'autres sens, parfois inattendus : « par les darioles » signifie, en argot ancien, « par-derrière ». L'origine de cette expression n'est pas connue alors, soyons potaches, posons l'hypothèse qu'à force de se goinfrer de gâteaux à la crème, nous prenons à l'arrière : « Cinq minutes dans la bouche, toute la vie dans le derrière », disaient nos grand-mères. Plus étrange encore, une dariole est un coup de poing, et se faire allonger une dariole sur la mâchoire n'est pas un plaisir roboratif.

Autre petite pâtisserie, la gimblette est sèche et en forme d'anneau ou de ce que l'on veut, un biscuit qui est suffisamment courant pour le donner au chien. Voilà ce que fait Denis Diderot dans *Le Neveu de Rameau*, au dix-huitième siècle : « Il appelle son chien, il le caresse, il lui donne la gimblette. » Le gâteau est aussi sec et fade qu'une hostie, un pain sans levain, qui ne serait pas divin s'il n'était pas bénit.

Le fait religieux est au cœur des actualités mais il est aussi une véritable institution en pâtisserie : calotins et bouffeurs de calotte, gourmets de toutes les obédiences se réconcilient autour des jésuites, des religieuses, des saint-honoré, des sacristains, des **pets-de-nonne** et de tous ces desserts délicieux quoiqu'un peu étouffe-chrétiens.

En gobant un pet-de-nonne, qui ne s'est pas demandé laquelle de ces religieuses péta la première ? Nombre de couvents revendiquent le vent, même mauvais. Jean-Camille Fulbert-Dumonteil, écrivain gastronome, mort au début du vingtième siècle, propose l'anecdote suivante :

Soudain, un bruit étrange et sonore, rythmé, prolongé, semblable à un gémissement d'orgue qui s'éteint, puis aux plaintes mourantes de la brise qui soupire dans les cloîtres, vient frapper de stupeur l'oreille indignée des bonnes sœurs. L'auteur du bruit, une novice de l'abbaye prénommée Agnès, gênée face à ses coreligionnaires, aurait alors chancelé malencontreusement, laissant tomber une cuillerée de pâte à chou dans une marmite de graisse chaude.

Si les dictionnaires font vœu de silence sur l'étymologie du vent insolent et succulent, le très sérieux *Journal grammatical et didactique de la langue française* a pourtant levé le voile dès 1833 : le pet-de-nonne signe en fait l'armistice, la paix entre les nonnes, qui s'offraient des douceurs pour se faire pardonner lorsqu'elles s'étaient fâchées. Pour oublier leurs peccadilles, nous commandons en apéritif un kir, en l'honneur du chanoine éponyme, avant d'ouvrir une bouteille de saint-péray ou de saint-joseph, si suave qu'on dirait le petit Jésus en culotte de velours.

Puisque nous vouons un culte à la bonne chère, avouons que nous sommes **gastrolâtres**. Sans surprise, le mot est rabelaisien, pantagruélique même : les gastrolâtres « se tenoient serrez par trouppes et par bandes, joyeulx, mignars, douilletz aulcuns, aultres tristes, graves, severes ». Lançons-nous dans un chant de réjouissance de fin de banquet, un *Gaudeamus igitur*, créé au dix-septième siècle et repris par les étudiants dans toute l'Europe :

Réjouissons-nous donc
Tant que nous sommes jeunes
Après une jeunesse agréable
Après une vieillesse pénible
La terre nous aura.

En 1973, c'est par la nourriture que les commensaux, les compagnons de table, de *La Grande Bouffe* de Marco Ferreri décident de mourir. Marcello Mastroianni, Michel Piccoli, Philippe Noiret, Ugo Tognazzi et la belle Andréa Ferréol se font éclater la panse. Ils sont **ragoulés**, rassasiés jusqu'au dégoût, car ils en ont plein la *goule*, la gueule. L'excès de nourriture sature leur estomac et voici qu'ils débagoulent, qu'ils vomissent leur énorme repas. Même la lecture d'une **émétologie**, un traité sur les vomitifs et sur le vomissement, ne leur serait d'aucun secours. Puisque les arts de la table s'accommodent des plaisirs de la conversation, le **débagoulage** est un flot de paroles, un bla-bla insipide pour combler le vide, une logorrhée vomitive souvent déplacée. Dans une lettre aux frères Goncourt, le 13 mars 1869, Gustave Flaubert avoue ses hésitations à décrire la mort d'un nourrisson dans *L'Éducation sentimentale* et critique « un esthétiqueur qui fait le portrait d'un enfant mort, se livre, devant la mère, à un débagoulage artistique indélicat, le tout pour briller ».

Le dégoût culinaire tient à peu de chose. Nous sommes rebutés par un **empyreume**, l'odeur âcre et désagréable de l'aliment brûlé. Qu'y a-t-il de pire qu'un cornet de frites cuites dans de l'huile empyreumatique ? Attablés, tous nos sens sont aiguisés, le goût bien sûr mais aussi l'odorat, et nous préférons ce qui est **suavéolent** plutôt que **gravéolent**, ce qui sent bon plutôt que ce qui est fétide. Chassons la **chancissure** des aliments moisis, évitons la viande **venée** car elle commence à sentir, et sur les fruits ôtons la talure, la vilaine meurtrissure.

Le repas est fini, nous pouvons quitter la table. Cette belle aventure culinaire et littéraire se terminera peut-être par une cacade, un mot dont les quatre premières lettres dispensent de toute définition : avant de sortir, n'oublions pas d'utiliser la **touaille**, un linge suspendu à un rouleau de bois qui se déroule en continu. Dans quelques heures, nous serons prêts à **gobichonner** de nouveau, gouliafres que nous sommes.

Hors des sentiers battus

Au voleur ! au voleur ! à l'assassin ! au meurtrier ! Justice, juste Ciel ! Je suis perdu, je suis assassiné, on m'a coupé la gorge, on m'a dérobé mon dictionnaire !

Si les lexicographes font régner la loi et l'ordre sur la langue française, ils aiment jouer au gendarme et au voleur, sous la coupole de l'Académie et dans les bas-fonds de la langue. Ils sont autant du côté des forces de l'ordre que de celui des filous. Se promenant hors des sentiers battus, ils tendent l'oreille en direction des parlers populaires, regardent la langue vivre et se créer dans la bouche du villageois et du marlou des cités. Ils écoutent, lisent, délibèrent et jugent. Lorsqu'un mot les séduit davantage, ils l'intègrent au dictionnaire, avec la mention « arg. » ou « pop. » Les dictionnaires les plus anciens disent : « Il est bas. » Il est bas, mais il est là. Avoir un monstre sacré de la littérature comme avocat est d'une aide précieuse : La Fontaine ou Victor Hugo dans sa manche et c'est l'assurance de ne pas tomber dans les oubliettes de la langue, mais une belle chanson française ou un bon roman policier peuvent suffire. Avec leur petit goût d'antan, ces mots n'en sont que plus savoureux, d'autant que les dictionnaires donnent les clés, la carte et tout l'attirail nécessaire pour les libérer des geôles obscures d'un vocabulaire qui ne s'emploie plus.

Traîne-potence & gobelotte

Traîne-potence, pendard, cottereau, malandrin, miquelet, pandour, larroneau, volereau, vide-gousset, vanternier, sorgueur, abuseur, gouapeur, klepte, mate, matois, sycophante

En 1668, *L'Avare* de Molière ne manque pas de mots pour qualifier ses détrousseurs : « Au voleur ! au voleur ! à l'assassin ! au meurtrier ! Justice, juste Ciel ! » Harpagon identifie le malfrat par la peine qu'il encourt, « vrai gibier de potence ». Il aurait pu aussi parler de **traîne-potence**, comme le fait François de Boisrobert dans *La Belle Plaideuse*, écrit treize ans plus tôt, qui a d'ailleurs été source d'inspiration pour Molière : « Quoi ? c'est donc toi, méchant filou, traîne-potence ? » Plus bref, mais tout aussi imagé, il y a le **pendard**, qui mérite d'être pendouillé haut et court.

Molière offre à Harpagon une jolie désignation pour son voleur, « maître juré filou ». Dans une corporation, les maîtres sont importants, et parmi eux sont élus les jurés, la crème de la crème. Le maître juré filou est par conséquent un voleur de haut vol.

Les voleurs sévissent à plusieurs. Les **cottereaux** sont des pillards qui parcourent la France du douzième siècle. Ils ne portent parfois qu'un seul « t » – cotereau – pour être en accord avec leur étymologie : leur nom vient du *coterel*, le petit couteau qui leur sert d'arme. Pendant la guerre de Cent Ans, ils sont des **malandrins**, des bandes de pillards qui ravageaient la France. Le mot viendrait du latin où la *malandria* désigne une forme de lèpre. Il a donné en italien la *malandra*, une plaie qui se forme aux jarrets des chevaux, la malandre en français : il reste des traces de mendiant et de lépreux dans ce pauvre malandrin, bougrement rosse. Les **miquelets**, eux, sont des mercenaires qui agissent en terre catalane au dix-septième siècle, pillant à l'envi. De toutes ces bandes mi-soldats mi-brigands, les **pandours** sont les plus remarquables. À l'origine, il s'agit de troupes irrégulières hongroises qui sèment la terreur partout où elles passent. Ces pandours sont des soldats brutaux, violents, pillards. Pour calmer leur sauvagerie, ils sont intégrés à l'armée régulière au dix-septième siècle. C'est ainsi qu'ils sont aux Pays-Bas et en Alsace, là où les Autrichiens combattent. Fait étrange, par le hollandais, le mot entre dans le français sous forme de pandore : le pillard a terminé gendarme.

Bien sûr, tous les filous ne sont pas des bandits de grand chemin : le **larroneau** est un petit larron, qui ne dérobe que de petites choses. Il est complice avec le **volereau**, tellement maladroit que ses méfaits ne sont jamais bien grands :

Mal prend aux volereaux de faire les voleurs.
L'exemple est un dangereux leurre ;
Tous les mangeurs de gens ne sont pas grands seigneurs ;
Où la guêpe a passé le moucheron demeure

écrit Jean de La Fontaine dans la fable du *Corbeau voulant imiter l'aigle*. Parmi les petits voleurs se trouve le **vide-gousset**, un habile détrousseur. Apparu au milieu du dix-neuvième siècle, il a beaucoup intéressé Victor Hugo. Le vide-gousset a été détrôné par son homologue anglais, le pickpocket, mais il est lui aussi susceptible de sévir dans le métro : « Attention, des vide-goussets ont été signalés dans cette rame. Nous vous invitons à veiller à vos effets personnels. »

Quand il s'agit de voler sans violence et sans que la victime s'en rende compte, le **vanternier** est un expert. C'est un cambrioleur qui passe par la fenêtre, la vanterne[1]. La justice est sévère, mais juste, et toujours attentive au vocabulaire : elle parle de « vol à la vanterne », une expression qui semble la grand-mère du vol à la portière. Le vanternier agit quand tout le monde dort. Il est alors un **sorgueur**, un voleur nocturne, un rôdeur, la sorgue étant la nuit noire, inquiétante. Personne n'aime se promener à la sorgue, de peur de faire une mauvaise rencontre, sauf les fêtards qui se refont de la sorgue, c'est-à-dire qu'ils vont souper bien tard. La petite sorgue est acceptable mais la grande sorgue est terrifiante : il s'agit de la fin du monde, celle que chante en 1900 Aristide Bruant, quand il a les *Foies blancs* :

1. La vanterne française vient sans doute de la fenêtre espagnole, la *ventana*.

C'est pas qu' j'ay' peur ed' la grand' sorgue
J'm'en fous comme d'Colin-Tampon
La fin du monde après mon orgue
Mais j'peux pas foutr' un coup d'tampon.

Comme Saint-Exupéry, le sorgueur est le spécialiste du vol de nuit.

Le voleur peut être désigné par sa malice. Il est alors **abuseur**, escroqueur ou **gouapeur**. Vagabond, railleur et effronté, le gouapeur est toujours à la recherche d'un mauvais coup. Le mot se décline : la gouape est la conduite d'une personne de mauvaise vie, un fainéant, mais une gouape est aussi un ivrogne, un voyou : « Gouape infecte ! » écrit Céline dans *Mort à crédit*. Le substantif donne le verbe : gouaper signifie mener une vie de gouape, donc de débauche. Dans *L'Assommoir,* Émile Zola met à l'honneur la gouape et le gouapeur qu'il utilise à plusieurs reprises : « On rencontrait un tas de gouapes, qui ne voulaient pas vous lâcher le coude ; on gobelottait malgré soi, on se trouvait dans toutes sortes de fourbis, on finissait par se laisser pincer et raide ! » ; « Lorsqu'on était marié avec une femme gentille et honnête, on ne devait pas gouaper dans tous les bastringues » ; « Les exploits du marquis de T... sortant d'un bal à deux heures du matin et se défendant contre trois mauvaises gouapes, boulevard des Invalides » ; « La paie de grande quinzaine emplissait le trottoir d'une bousculade de gouapeurs tirant une bordée » ; « Silence, tas de gouapes ! »

L'histoire est riche de voleurs à qui des tas de noms ont été attribués. Le **klepte**, ou clepte – cela dépend des lettres au scrabble – descend de sa montagne, de l'Olympe ou du Pinde, commettre ses méfaits : la Grèce est alors occupée par les Turcs et il est plus sage de prendre de la hauteur.

En argot parisien, une **mate** est le lieu où les filous mijotent leur mauvais coup. L'expression « les enfants de la mate » est utilisée au dix-neuvième siècle pour pointer du doigt les gamins qui traînent dans les bas-fonds. D'ailleurs, un **matois** est un filou et la matoise sa complice. Ils font preuve de ruse pour détrousser leur victime : « Je suis un fin matois », explique Lubin dans *George Dandin ou le Mari confondu*, de Molière. Puisqu'il faut décliner le mot, l'adverbe matoisement existe autant que l'adjectif : avoir un air matois n'inspire pas la confiance. La matoiserie est la qualité ou l'action d'une personne matoise. Chateaubriand parle de la « matoiserie du renard », maître goupil étant très rusé.

Tous les voleurs ne sont pas violents, mais beaucoup sont des hypocrites, des fourbes, des **sycophantes** : dans la Grèce antique, ils étaient les délateurs professionnels, aux origines bizarres. Le sycophante est formé sur le mot « figue », sans doute car ils cafardaient ceux qui faisaient le commerce illégal de ces fruits ou dénonçaient ceux qui les volaient. Pourtant, qu'est-ce qu'une figue en Grèce ? Bien peu de chose, sauf si elle vient d'un arbre sacré. Le sycophante est donc prêt à dénoncer la moindre incartade, non pas pour le bien de la cité mais pour en tirer un bénéfice personnel.

Finissons avec le sacripant, capable d'un mauvais coup mais si peu effrayant qu'il en devient sympathique : « Quel bon zig, et quel sacripant ça doit faire ! Il paraît qu'il enjôle toutes les femmes », écrit Guy de Maupassant dans ses *Contes et nouvelles*. Le sacripant dans une cour de récré est le camarade du canaillou : il porte le bonnet d'âne tandis que le bon élève apprend ses *Fables* par cœur. Lequel d'entre eux terminera sa carrière à l'Académie ? Le petit sacripant a été rendu célèbre par le génial Dary Cowl, dans *Le Triporteur*, en 1957, qui la même année joue le témoin confus et bégayant dans *Assassins et voleurs* de Sacha Guitry. Aux assises, il déclare au président : « Je vais, par conséquent, vous jeter des pétards de clarté... qui, lesdits pétards... qui, lady Pétard... une Anglaise charmante, d'ailleurs, n'est-ce pas ? Vous ne comprenez pas ? Vous ne pouvez pas ! » Témoin malicieux...

Haro

Haro, hue, dia...

L'âne vint à son tour et dit : « J'ai souvenance
Qu'en un pré de moines passant,
La faim, l'occasion, l'herbe tendre, et je pense
Quelque diable aussi me poussant,
Je tondis de ce pré la largeur de ma langue.
Je n'en avais nul droit, puisqu'il faut parler net. »
À ces mots on cria haro sur le baudet.
Un loup quelque peu clerc prouva par sa harangue
Qu'il fallait dévouer ce maudit animal,
Ce pelé, ce galeux, d'où venait tout le mal.
Sa peccadille fut jugée un cas pendable.
Manger l'herbe d'autrui ! quel crime abominable !

Dans *Les Animaux malades de la peste*, le malheureux bourricot est condamné sans plus de procès à la vindicte animale. Pour le zoo politique de La Fontaine, il s'agit de trouver un coupable, vite, et l'âne est tout désigné. La société est une jungle, sa justice est féroce, la mémoire un peu moins.

Apprises dans les petites classes, les *Fables* conservent la saveur de l'enfance : on ne comprend pas tout, mais on les retient. Avec la cigale et la fourmi, le corbeau et le renard, la grenouille et le bœuf, **haro** et son baudet passent à la postérité : quelle que soit l'ampleur du scandale, les canards de tous bords nous invitent à ne pas hurler avec les loups de peur de crier haro sur le baudet, à tort et à travers. Haro sur l'histoire d'un dérapage verbal.

L'expression a perdu son sens initial pour prendre celui de réprobation générale, passionnelle et sans guère de racine : c'est là que le bât blesse. En effet, la clameur de haro est un terme issu du droit, plus précisément du droit coutumier. Au dixième siècle, la Normandie est déjà peuplée par quelques visiteurs vikings. Parmi eux, Rollon, ou Rolland, ou Hrólfr, l'ancêtre de Guillaume le Conquérant. Du haut de ses deux mètres et grâce à ses cent quarante kilos, il fait régner la justice, à moins que ce ne soit la terreur. Superman normand, il défend la veuve, l'orphelin et tout un chacun. Nul besoin d'attendre que la nuit tombe, il suffit d'appeler : « Ah Rollon, ah Rolland, ah Hrólfr ou, en abrégé, Haro ! » pour que justice soit faite, immédiatement et irrémédiablement. En cas de maléfice corporel ou possessoire, comme il est rapporté dans le *Très Ancien Coutumier de Normandie*, si le lésé, ou un témoin, crie au droit de haro, toute l'assemblée a le devoir de l'aider à maintenir le présumé bandit jusqu'à ce que justice soit faite : la clameur de haro est l'ancêtre de la comparution immédiate.

Restons en Normandie, désormais peuplée de vicaires. Lors des funérailles de Guillaume le Conquérant se produit un événement mémorable : tandis que le souverain partait rejoindre les mânes de Rollon, *de profundis*, devant l'église Saint-Étienne à Caen, le sieur Asselin clama vite : « Haro ! Haro ! Haro ! Ceci est à moi. » Le terrain sur lequel avait été bâtie l'église lui appartenait en partie et il en avait été chassé totalement. Il fut remboursé, en partie. Haro, c'est l'ancêtre du SOS, sans anglicisme, plus court, et meilleur peut-être. Quiconque lancerait encore un « SOS orthographe », « SOS langue française » après ces lignes, mériterait d'affronter le haro des puristes ou de recevoir un dictionnaire en pleine tête.

Lorsque La Fontaine écrit ses vers, le droit de haro est encore en vigueur : chaque édit du roi doit mentionner « nonobstant charte normande et clameur de haro ». Si l'âne est coupable, c'est dans le regard des autres. Ne crions pas trop vite haro sur La Fontaine : ce n'est pas lui qui a fait le coup, même si son baudet a contribué au glissement sémantique. Ne crions pas non plus trop haut haro sur l'enseignement des lettres et la mythique baisse de niveau. Au contraire, portons fièrement le bonnet d'âne.

Les évolutions et les erreurs dans l'emploi des mots sont de l'or pour les dictionnaires. Pour ne citer qu'un exemple, si nous sommes tiraillés **à hue et à dia**, à gauche et à droite, c'est que personne, ni du charretier, ni de l'âne, ni du linguiste, ne sait lequel désigne la gauche et lequel la droite. Ce qui compte, c'est de ne jamais l'écrire avec un « e », sous peine de risquer la huée. *Idem* pour hourra qui viendrait tantôt des soldats cosaques, tantôt des marins anglais, et servirait autant de cri de guerre, de joie, d'acclamation et de malédiction. N'incriminons pas non plus la Révolution qui a, entre autres, aboli ce privilège normand, ni le Code civil de Napoléon qui a signé la fin définitive du droit de haro.

Il a disparu en France, mais en France seulement car, dans les îles Anglo-Normandes, il est toujours vivant, même s'il n'est plus en grande forme. Noblesse et féminisme obligent, le plaignant d'aujourd'hui doit tomber à genoux et crier, *en français dans le texte* : « Haro, haro, haro ! Au nom de Dieu et de la Reine », avec une variante à Guernesey, « Haro, haro, haro ! À mon aide mon Prince, on me fait tort ! » Dans le deux cas, un Notre Père est obligatoire (sauf à Jersey, *ave* !). Comme la justice a tout de même fait quelque progrès, la clameur de haro n'est plus guère nécessaire, sauf à être confronté à des escrocs patentés, comme ce fut le cas à l'été 2010. De très lointains descendants de Rollon vivaient heureux, au-dessus de leurs moyens, dans une bicoque achetée à crédit, jusqu'au jour où la banque les somma de payer. Même à vendre leurs trois enfants, ils n'avaient pas les moyens de rembourser. Sur le point d'être expulsés Andy et Hege B. se jetèrent aux pieds des huissiers pour clamer haro. Mais ni les mânes de Rollon ni celles La Fontaine ne vinrent à leur secours. Si l'affaire alla jusqu'à la cour royale, leur plainte a été déboutée. Eux furent boutés hors de leur demeure. La morale des *Animaux malades de la peste* reste juste :

Selon que vous serez puissant ou misérable,
Les jugements de cour vous rendront blanc ou noir.

Haro sur le baudet, haro sur les banquiers, hourra pour La Fontaine !

Mais que fait la police ?

Raille, roussin, rousse, marchands de lacets, coqueur, cogne, licteur, pousse-cul, grippe-coquin, sbire, happe-chair

Les voleurs ne sont pas les seuls à chiper de beaux mots, les policiers en ont dérobé quelques-uns. Venus de l'argot, ils sont nés dans les bas-fonds, loin des dictionnaires. Les noms donnés aux policiers surgissent aussi soudainement qu'ils disparaissent car « l'argot étant l'idiome de la corruption, [il] se corrompt vite », explique en 1907 le linguiste Lazare Sainéan qui précise : « Il fait plus de chemin en dix ans que la langue en dix siècles. » Les noms donnés aux policiers ont pour vocation de n'être compris que par des initiés. Dès qu'ils deviennent populaires, de nouveaux mots sont très vite inventés. Lazare Sainéan constate que « les gens de police sont des **railles**, puis des **roussins**, puis des **rousses**, puis des **marchands de lacets**, puis des **coqueurs**, puis des **cognes** ». Dans ce dernier cas, il n'est pas besoin d'avoir fait la Centrale pour en comprendre l'origine : parce qu'il a le coup de matraque facile, le flic cogne[1].

Le Moyen Âge a produit de très chouettes mots pour désigner les forces de l'ordre. Il ne s'agit pas de police au sens où nous l'entendons aujourd'hui : **licteurs**, sergents du Châtelet ou de ville, gendarmes, hommes de la prévôté. C'est n'est qu'à partir du dix-septième siècle que l'institution s'organise, quand le roi Louis XIV nomme Nicolas de La Reynie premier lieutenant-général de police à Paris. Au Grand Siècle, un **pousse-cul** est un sergent de police ou un agent subalterne chargé de conduire le malfrat en prison. Dans la même guilde se retrouve le **grippe-coquin**, celui qui est chargé d'arrêter les voleurs. Au dix-huitième siècle, il conduit en prison les plumes philosophiques quand Voltaire, Beaumarchais, Sade, Marmontel connaissent le plaisir d'être embastillés. Pour offrir de beaux noms imagés aux forces de l'ordre, il faut des exécutants efficaces. En cela, le dix-neuvième siècle est un vivier de mots rares avec la terrible police que Fouché met en place pour Napoléon. Au coin des rues, monsieur l'agent est un roussin. L'origine du mot demeure une énigme. Voilà le résultat de l'enquête : le roussin médiéval est un cheval, souvent trapu et parfois mauvais. Il ne semble pas avoir de rapport avec le policier, le roussin du dix-neuvième siècle, présent chez Victor Hugo et

1. Au seizième siècle, dans l'argot des malfaiteurs en Allemagne, le *flick* est un jeune homme. Il est arrivé en France sous forme de *flique* pour devenir *flic*, agent de police.

chez Vidocq, ancien forçat devenu roussin. Dans les prisons, un rousse ou un roussi est un individu placé en cellule par la police pour recueillir les confidences de ses codétenus : il est un cafeteur, un dénonciateur. De là le verbe roussiner, dénoncer. Rousse, roussi et roussin sont complices mais d'où viennent-ils ? Une des hypothèses avancées par les linguistes sent naturellement le roussi : il y aurait du roux dans le roussin. Dès lors surgissent les clichés nauséabonds : les roux sentent mauvais, surtout lorsqu'ils sont mouillés, mais avant tout ils sont faux, hypocrites, acoquinés avec le démon. « Homme roux et chien lainu, plus tost mort que cogneu (homme roux et chien poilu, plutôt mort que connu) », dit un proverbe où le bon sens s'est noyé dans l'obscurantisme. Si le roussin est le gardien de la paix « le mec de la rousse » est le préfet de police. Le rouge est une couleur associée aux forces de l'ordre. Le mot **sbire** viendrait du latin *birrum*, qui désigne une casaque de couleur rouge. Un sbire est un archer au Moyen Âge devenu ensuite un homme de main au service de la police ou d'un particulier, pour s'occuper des basses besognes.

Les mouches et les mouchards sont des espions et des indicateurs : la comparaison animalière évoque leur discrétion et leur capacité à se glisser partout, mais aussi la folle envie de les écraser. Ils sont également appelés rats, cafards, taupes et moutons, toujours prêts à se mettre au service des vaches. Dans la même balance, il y a le raille, lui aussi mouchard de la police, de ceux que l'on rencontre dans *Le Dernier Jour d'un condamné* de Victor Hugo, en 1829 : derrière les murailles de la prison, le condamné espère que le bon Dieu lui envoie un petit oiseau pour chanter au bord du toit. Il entend alors « un air lent et langoureux, une espèce de roucoulement triste et lamentable ». C'est une jeune fille de quinze ans qui chante les « coquins de railles ». Même en prison, le condamné n'échappe pas au mouchard, le terrible raille. Le mot peut devenir féminin et la raille désigne alors la police.

Vidocq et Hugo partagent le même vocabulaire argotique pour désigner la police. Dans *Le Dernier Jour d'un condamné* et dans *Les Misérables* de Victor Hugo, tout comme dans les *Mémoires* de Vidocq, il est question de marchands de lacets pour qualifier les gendarmes, les lacets étant de simples menottes.

Autre étrange destin de policier, celui du **happe-chair**. Dans *La Despesche du postillon faicte par le Comte de Bucquoy pour chercher le Palatin*, écrit en 1621, le happe-chair est parent avec le « happe-gueus ». Il est encore présent sous la Révolution française, dans une *Adresse d'un proscrit par la Convention, à l'Assemblée législative*, un petit texte bien en colère écrit par le comte Barruel-Beauvert en 1795. Ce noble est chassé par les « Gendarmes, Sbirres (*sic*), Happe-chair, et Valets de Bourreaux !!! » Pourtant, celui qui happe, qui attrape, la chair du gueux a su évoluer de manière inattendue. L'expression qui désignait le policier est venue s'accoler à l'homme avide de l'argent des autres. Dans *Les Misérables*, l'horrible Thénardier déclare à Monsieur Leblanc, c'est ainsi que s'est présenté Jean Valjean : « Mon Dieu, vous avez beau être riche, vous avez vos charges, qui n'a pas les siennes ? Je ne veux pas vous ruiner, je ne suis pas un happe-chair, après tout. » On peut en douter. Ce happe-chair est présent chez Eugène

Pottier, le parolier de *L'Internationale*. Bouillonnant révolutionnaire, il écrit en 1884 un sonnet rageur intitulé *Entretenus à nos frais* :

Tous ces bonshommes-là, c'est autant d'escarcelles
À remplir, travailleurs ! Dans leur instinct de sacs,
Ils ont horreur du vide, et nous payons leurs fracs,
Leurs gants, leurs bain-de-mer, leurs catins et leurs selles.

Dans la corruption plongés jusqu'aux aisselles,
Sont-ils préfets à poigne, ils servent les micmacs
De nos gouvernements de trucs et de ficelles :
La classe dirigeante a produit ces réacs.

Ô paons de basse-cour, nullités cravatées,
Faiseurs, beaux fils, mangeurs de soupes apprêtées,
Certes, vous coûtez gros et ne valez pas cher !

Ô misère ! Et tu prends, toi, peuple qui travailles,
Le pain des tiens, leur sang, leur cerveau, leurs entrailles,
La moelle de leurs os, pour tous ces happe-chair !

Avec le happe-chair, l'ancien voleur s'est changé en bourgeois profiteur. La transformation du malfrat est un sujet qui plaît au dix-neuvième siècle. Vidocq l'ancien forçat est devenu le chef de la brigade de sûreté et Jean Valjean est Monsieur Madeleine. Tous ne sont pas profiteurs, loin de là, mais ils ont abandonné les mauvaises manières. Est-ce à dire que pour être un bon policier, il faut être un peu voleur ? Demandons au commissaire Maigret.

L'affaire Saint-Fiacre

Tartuffard, papelard, saint-frusquin, capelan, camerlingue, mozette, aumuce, saint-crépin, sainte-nitouche

Lorsque le commissaire Jules revient au village de son enfance, il n'est plus vraiment maigret : il est devenu Maigret, avec un grand M, et un gros ventre. Dans *L'Affaire Saint-Fiacre*, écrit en 1932, Simenon donne une enfance à son personnage, une enfance entre le conte de fées et la comédie humaine : le maigrelet Jules Maigret a grandi dans un village de l'Allier avec le début du vingtième siècle. Son père était le régisseur du château, le petit garçon était un peu amoureux de la châtelaine, qui avait si bon cœur.

Avec le temps, la comtesse s'est avérée avoir le cœur fragile, le garçon est devenu un monsieur bedonnant, mais tous deux sont restés fidèles aux moments de tendre bonheur qu'ils se sont offerts mutuellement. C'est pourquoi, sans être particulièrement amateur de patenôtres, Maigret s'est rendu à l'office des Cendres pour veiller sur son amie, la comtesse de Saint-Fiacre. Ils ne se sont pas vus depuis des lustres : la belle icône du domaine est à présent une grenouille de bénitier racornie et ridée. Avant la Paix, elle tombe terrassée par une crise cardiaque : *ite, missa est*, la messe est dite, « l'affaire » commence.

Si la police a été prévenue par un télégramme annonçant qu'« un crime sera commis à l'église de Saint-Fiacre pendant la première messe du Jour des morts », l'intrigue est loin d'être téléphonée. Elle donne bien du mal aux lecteurs de Simenon. Dans ce Cluedo rural – de l'anglais *clue*, l'indice, et *ludo*, « je joue » en latin – tout le monde aurait des raisons de voir la vieille comtesse de Saint-Fiacre partir *ad patres*. Du curé à l'administrateur du domaine, en passant par le fils de la propriétaire, tous sont des petits saints de bois, des **tartuffards**, des hypocrites et autres **papelards**, qui ne sont pas obligatoirement des partisans du pape, mais des flatteurs. Ils enrobent leurs paroles mais n'en pensent rien.

L'administrateur de Saint-Fiacre a des rêves de grandeur. Il souhaite devenir châtelain. Il a remarqué que depuis quelque temps la sainte paie arrive en retard. Le guignant avec concupiscence, il redoute la fin du domaine, englouti, avec tout le **saint-frusquin**, par le train de vie des châtelains, la mère, le fils et leur entourage[1]. Le fils, Maurice, a autant de dettes qu'un curé peut en bénir. Ce dernier n'est pas bien riche non plus et tire le diable par la queue. Il n'est qu'un pauvre prêtre, un **capelan**, réduit à manger des

1. Pour l'origine de saint-frusquin, voir page 246.

pâtes, oui mais il ne s'en plaint pas : il n'a pas de rêve de grandeur ; il ne souhaite devenir ni **camerlingue**, pape par intérim, ni même évêque vêtu du beau bonnet de peau et du manteau de fourrure, la **mozette**, nommée aussi « **aumuce** de petit gris ». Il connaît les hommes et les femmes. Sans sonder les reins et les cœurs, il sait que sa principale donatrice, le pilier de son église et le seul soutien de sa toiture, était loin d'être une sainte femme. Il n'en peut plus de l'absoudre et de lui donner le bon Dieu après la confession. Même pour un curé, le secret est trop lourd à porter.

La vénérable comtesse n'avait ni le mal de saint Fiacre, des hémorroïdes, ni le terrible mal de saint Jean, l'épilepsie. En revanche, elle n'était pas une **sainte-nitouche**. Sans être folle de la messe, elle aimait trop badiner avec les bedeaux. Elle s'offrait des petits jeunes, sans attendre Carême. Sur l'album de la comtesse, une kyrielle de secrétaires, plus enjôleurs qu'angéliques : joué par un Robert Hirsch filiforme dans le film de Jean Delannoy en 1959, *Maigret et l'Affaire Saint-Fiacre*, le dernier secrétaire en date a si bien tartuffié et jésuitisé sa patronne qu'il croit qu'en couchant, il sera couché sur le testament.

Bref, tout le monde attend la mort de la comtesse comme le messie. Celle-ci arrive *via* son missel : en guise de signet, une fausse coupure de presse annonce le décès du fils indigne, provoquant la mort de la comtesse. Le commissaire Maigret fait l'inquisiteur dans le paradis perdu de son enfance. Il découvre une petite société rongée du mal de saint Antoine, rongée de plaies mal soignées et de gangrène. En proie à une sainte colère, le commissaire, divinement incarné par un Jean Gabin jupitérien, révèle tout en plein dîner, confondant le coupable, dans un *deus ex machina* magistral[1]. Il serait impardonnable de dévoiler ici le fin mot de l'affaire mais disons seulement que le criminel mérite d'aller tout droit en prison.

1. *Deus ex machina* est, selon le *Trésor de la langue française*, la « personne dont l'intervention vient, dans la vie courante, en dehors de toute prévision et en tout dernier lieu, dénouer une situation difficile ».

Enjôleur vocabulaire de la geôle

Taule, mésaise, poucette, catène, chartre, in-pace, vade-in-pace

Dans *Le Comte de Monte-Cristo*, Alexandre Dumas utilise de doux euphémismes pour désigner l'horrible prison et la sinistre cellule :

Cet horrible hôtel garni se composait de cinquante chambres ; leurs habitants furent appelés du numéro de la chambre qu'ils occupaient, et le malheureux jeune homme cessa de s'appeler de son prénom d'Edmond ou de son nom de Dantès, il s'appela le n° 34.

L'aspect domestique d'une prison se retrouve avec le mot **taule**. Orthographiée « tôle » au début du dix-neuvième siècle, puis « tolle » et enfin « taule », elle évoque une petite maison. Ce sens ressurgit avec le tôlier, le patron d'un hôtel ou d'un restaurant.

La cellule prend différentes formes. Elle peut être dorée, comme pour le pape Pie VII retenu au château de Fontainebleau par Napoléon, ou bien elle est une île, comme Sainte-Hélène pour l'empereur déchu. Parfois, la cellule est un **mésaise**, un « cachot étroit et bas où l'on ne peut se tenir debout ou couché qu'à grande peine », précise Littré. Avec un peu de perversion, le geôlier aura utilisé des **poucettes**, des cordes ou des chaînettes pour attacher les pouces de certains prisonniers. Nous parlerions aujourd'hui de menottes, étranges anneaux métalliques qui désignent aussi les mains des enfants.

Pour les forçats, avant le seizième siècle, la chaîne est appelée **catène**, issue de la chaîne italienne, *catena*. C'est ainsi que Rabelais l'emploie : un fou à enchaîner est un « mat de catène ». La lettre « t » a été peu à peu remplacée par un « d » et la catène est devenue cadène, mais de ces divagations étymologiques, le forçat n'a cure : avec une catène ou une cadène, maintenue par un cadenas, il est toujours enchaîné. Le mot prend même de l'ampleur car « être à la cadène », c'est être emprisonné. La cadène s'est fait voler la vedette par la chaîne : bien plus que quelques maillons métalliques, la chaîne est l'ensemble des forçats attachés les uns aux autres en direction du bagne, des *Misérables*, chez Victor Hugo :

Une grande chaîne fut ferrée à Bicêtre. Jean Valjean fit partie de cette chaîne. Un ancien guichetier de la prison, qui a près de quatre-vingt-dix ans aujourd'hui, se souvient encore parfaitement de ce malheureux qui fut ferré à l'extrémité du quatrième cordon dans l'angle nord de la cour. Il était assis à terre comme tous les autres. Il paraissait ne rien comprendre à sa position, sinon qu'elle était horrible.

Encore au début du vingtième siècle, la prison pouvait être appelée la **chartre**. Dans sa *Vie de Jeanne d'Arc*, en 1908, Anatole France indique que la Pucelle est dans « une chartre anglaise ». Même si elle peut revendiquer de belles origines latines, celles que l'on retrouve dans carcéral et incarcéré, la chartre a été oubliée[1].

Terminons notre séjour en prison sans passer par la case départ mais avec un esprit pacifié : allons en paix car c'est avec ces mots, prononcés en latin, que les condamnés étaient envoyés au cachot, *vade in pace*. Dès lors, un **in-pace**, ou un **vade-in-pace**, que Littré recommande de prononcer « in'-pa-sé » est une « prison fort rigoureuse, où les moines mettaient autrefois ceux d'entre eux qui avaient commis quelque grande faute ». Il y a beaucoup de cynisme et d'ironie cruelle dans cette expression : la prison serait-elle un lieu propice pour se retirer du monde ? C'est en tout cas un lieu pour échafauder des plans de bataille, pour ruminer une revanche, préparer une révolte ou une révolution.

---

1. Carcéral, du latin *carcer* qui veut dire « prison ».

Les mots au pouvoir

Les mots de la politique nous racontent une histoire de France qui n'a jamais été écrite, ni grande ni petite, c'est-à-dire absolument illogique et merveilleusement fascinante. Cette histoire porte les cicatrices des périodes de crises et les promesses des grands hommes. Rurale et rétrograde, révolutionnaire et républicaine, elle est notre mémoire collective, celle qui permet de faire ressurgir des triboulets, de la poudre de perlimpinpin et quelques carabistouilles au détour d'un discours politique.

Les orateurs doivent être à la hauteur. La rapidité de l'information et le tohu-bohu médiatique ont favorisé les petites phrases davantage que les longs discours. Savamment construits, les slogans, les piques et autres formules assassines font mouche. Il semble nécessaire d'aller toujours plus vite, d'éviter les expressions compliquées sous peine de paraître élitiste, voire technocrate. Malgré tout, quelques personnalités politiques font le choix de réveiller les mots endormis. Ces aventuriers sont aussitôt qualifiés de tribuns, mais réussissent à se distinguer. Ils sortent du lot, ce qui est déjà un pas vers l'élection.

Les politiques ont tout à gagner avec ces mots millésimés : ils marquent les esprits et paraissent cultivés. Attention cependant à ce qu'en retour d'autres mots ne surgissent pour dénoncer de manière chantante et parfois acide leurs pratiques. Attention aussi au détournement de sens : un mot peut en cacher un autre. La question se pose alors : comment faire le bon choix ?

Les mots des tribuns

Abracadabrantesque, ithyphallique, pioupiesque, perlimpinpin, carabistouille, galéjade

Coup d'éclat en décembre 2000 quand Jacques Chirac, alors président de la République, reprend un néologisme qu'avait formé Arthur Rimbaud en 1871, dans son poème *Le cœur supplicié* :

Ô flots abracadabrantesques,
Prenez mon cœur, qu'il soit sauvé !
Ithyphalliques et pioupiesques,
Leurs insultes l'ont dépravé.

Abracadabrantesque : applicable en politique, ce mot rimbaldien utilisé par le président Chirac avait suscité un flot de commentaires. Ce qui est abracadabrant est compliqué au point de devenir incompréhensible. Les autres mots du poème d'Arthur Rimbaud sont plus difficiles à placer dans un discours politique : **ithyphallique** a rapport au phallus en érection, ou du moins à sa forme. Si le discours politique est parfois obscène, le mot est délicat d'utilisation. Quant à **pioupiesque**, il est formé sur le pioupiou qui désigne le jeune soldat d'infanterie, plus difficile à mobiliser par Jacques Chirac qui a suspendu la conscription obligatoire.

Avant d'être élu président en mai 2017, lors du débat télévisé qui l'opposait à Marine Le Pen, Emmanuel Macron a lui aussi usé du mot désuet : « Ce que vous proposez, comme d'habitude, c'est de la poudre de **perlimpinpin** ». Vite, regardons dans le Littré :

Perlimpinpin (pèr-lin-pin-pin) s. m. Poudre de perlimpinpin, poudre imaginaire qui donne aux sorciers un grand pouvoir, et, figurément, médicament sans vertu.

Chose étrange, le perlimpinpin avait été utilisé en politique trente-huit ans plus tôt, quand Valéry Giscard d'Estaing se voyait rétorquer par Jacques Chirac, déjà : « Nous ne pensons pas que l'Europe est une poudre de perlimpinpin au secours des gouvernements à court d'idées. » D'où l'on infère que le grand Jacques Chirac aime bien la magie. D'où l'on infère aussi qu'un mot endormi réveillé en sursaut est plus efficace qu'un long discours.

De-ci de-là, des mots pimentent la vie politique. Certains tribuns s'en font les spécialistes. Lors de la campagne présidentielle de 2017, Jean-Luc Mélenchon a fait le spectacle avec ses **carabistouilles**, un mot venu de nos cousins wallons. Habitués aux longs discours, les Académiciens, le révolutionnaire

Littré (qui portait à la naissance le même prénom que Robespierre, Maximilien) et l'insoumis Mélenchon nous invitent à nous arrêter un peu sur ces carabistouilles. La Belgique, n'ayant pas de dictionnaire spécifique, subit la loi des dictionnaires gaulois. Ainsi est née la bisbrouille, car en matière de régionalismes acceptables, il y a de quoi perdre le Nord. Les mots vont et viennent de part et d'autre des Ardennes, des Alpes et des Pyrénées, passant de bouche en bouche, comme des petits baisers frontaliers. Ces amours de vacances ne sont pas toujours officialisées, sacrées par l'Académie : pourquoi **galéjade**, qui fleure bon le Sud, a les honneurs de quelques dictionnaires, dont la huitième édition de celui de l'Académie, alors que carabistouille, qui signifie la même chose de l'autre côté des Ardennes, n'y figure pas ? La réponse est simple et terrible à la fois : le saint Pierre du dictionnaire, c'est le « bon usage », autrement dit nous. Pour qu'un mot soit estampillé « langue française », il faut d'abord que nous l'utilisions, souvent, parfois à tort et à travers. Surtout, il faut qu'un grand auteur s'en empare : un Zola, un Balzac, un Hugo, c'est le numéro gagnant au loto des lettres. Quelle carabistouille a-t-il fallu pour que galéjade seule soit au dictionnaire ? Ici commence un mystère quasi insoluble, digne d'Hercule Poirot, grand détective belge.

Carabistouille et galéjade fleurissent dans quantité de feuilles de chou de la fin du dix-neuvième siècle. Lorsqu'il s'agit d'utiliser un parler populaire, lorsque le ton est à la blague, parmi les journalistes c'est la course à l'échalote entre la galéjade et la carabistouille, entre le pays de l'ail et celui de la houille.

La galéjade, issue du provençal, a été popularisée par Alphonse Daudet. Alors que Frédéric Mistral, quelques années plus tôt, traduisait le terme par le très académique « raillerie », Daudet ose une première galéjade dans *Numa Roumestan*, en 1881. Il prend la précaution de la placer dans la bouche d'un paysan toutefois, et en italique. Tartarin de Tarascon, dans *Tartarin sur les Alpes* paru en 1885, est plus audacieux, même si le terme est prudemment expliqué en note : « Galéjade, plaisanterie, farce. »

À l'instar de son héros, Daudet est un peu fanfaron et bonimenteur, un faiseur de carabistouilles en somme : non seulement il n'a pas écrit tous ses livres, mais il n'a jamais habité dans son moulin. Il meurt sans avoir eu le temps d'être à la hauteur ni de ses livres, ni de sa renommée, à cinquante-sept ans, mais avec une excuse : il a contracté la syphilis, quarante ans plus tôt. À cause sans doute de la maladie, à la fin de sa vie, son moulin bat beaucoup trop vite. Daudet galèje comme on dit dans le Midi, ou « gatouille », comme on dit au nord de la Loire. Lui, l'admirateur de Zola, s'est lié à Drumont et s'avère un antisémite acharné dès le début de l'affaire Dreyfus. À cette occasion, les galéjades disparaissent discrètement du vocabulaire. Le Mistral de toute façon n'est plus vraiment gagnant : la misère est toujours moins dure au soleil.

Le naturalisme dorénavant vient du Nord, l'autre pays de la houille, avec lequel Zola s'est trouvé des accointances. Parmi ses nouveaux amis, Camille Lemonnier lui dédicace son livre, *Happe-Chair*. L'ouvrage, par l'intrigue et par l'atmosphère, ressemble comme un jumeau à deux romans de Zola : les thuriféraires des carabistouilles prétendent que c'est Zola qui a copié, les amateurs de galéjades disent que le livre de Lemonnier est un suédage de l'*Assommoir* et de *Germinal*[1]. Dans la « prose macaque » (*sic*) du « Zola belge » (*sic*), le diseur de carabistouilles, c'est Lambilotte, le chaudronnier alcoolique, laminé par le grand laminoir.

Sur scène aussi le vent du nord s'est levé : la carabistouille souffle sur le tout-Paris, grâce à deux pièces de théâtre. *Le Petit Journal* a salué le 30 janvier 1881 la « bonne humeur robuste » et le succès « très vif, très franc, très décidé » de la revue *Tout ça, c'est des carabistouilles* des dénommés Buguet et Boulland. Quelques années plus tard, un vaudeville de Fernand Wicheler, *Les Carabistouilles du fantassin Gaspard*, explose sur scène en 1913-1914. Le verdict du *Figaro* est sans appel, le 4 janvier 1914 : « Le comique "belge" a succédé dans le goût du public au comique marseillais, un peu fatigué par l'usage. »

Une fois la guerre déclarée, il ne fait plus bon se moquer des armées. Voici donc galéjades et carabistouilles renvoyées dans leurs provinces respectives : un partout et la balle au centre. De part et d'autre, on languit de la revanche. Comme en provençal, l'adieu n'est qu'un au revoir et la galéjade n'a pas dit son dernier mot. Après la Grande Guerre, l'heure est à la réconciliation. Celle-ci jaillit de l'imaginaire d'un Marseillais exilé à Bruxelles, Marcel Pagnol. L'auteur de *La Trilogie marseillaise* relate l'anecdote suivante :

1. Le suédage est une pratique cinématographique dans laquelle un film ou certaine scènes sont pastichées et tournées avec de petits moyens.

Vers 1925, parce que je me sentais exilé à Paris, je m'aperçus que j'aimais Marseille et je voulus exprimer cette amitié en écrivant une pièce marseillaise.

Des amis et des aînés m'en dissuadèrent : ils me dirent qu'un ouvrage aussi local, qui mettait en scène des personnages affublés d'un accent aussi particulier, ne serait certainement pas compris hors des Bouches-du-Rhône, et qu'à Marseille même, il serait considéré comme un travail d'amateur. Ces raisons me parurent fortes et je renonçai à mon projet : mais, en 1926, je vis jouer Le Mariage de Mlle Beulemans *; ce chef-d'œuvre avait déjà 16 ans et son succès avait fait le tour du monde.*

Ce soir-là, j'ai compris qu'une œuvre locale, mais profondément sincère et authentique, pouvait parfois prendre place dans le patrimoine littéraire d'un pays et plaire dans le monde entier.

J'ai donc essayé de faire pour Marseille ce que Fonson et Wicheler avaient fait pour Bruxelles, et c'est ainsi qu'un brasseur belge est devenu le père de César et que la charmante Mademoiselle Beulemans, à l'âge de 17 ans, mit au monde Marius.

Le père des *Carabistouilles du fantassin Gaspard* est le parrain des « galéjades » de la jolie *Fanny*. La verve de Pagnol ne suffit pas et la galéjade n'est plus tolérée par la neuvième édition du *Dictionnaire de l'Académie*. Les deux termes se retrouvent au paradis des mots défendus, attendant, sagement, un nouveau corps. La réincarnation ne tarde pas. La carabistouille s'est invitée dans la campagne présidentielle de 2017, avec sa saveur populaire et laborieuse. La galéjade marseillaise n'a plus qu'à attendre son tour.

Les mots endormis donnent un peu de sel aux discours de nos élus et, de manière plus large, un peu de piment aux commentaires politiques.

De ce chef...

Conculcateur, conculquer, laurer, apothéoser, camarilla, cabaler, dépopulariser, burgrave, mandarinique, mamamouchisme, monseigneuriser

Avec *La Marseillaise* et *Le Chant du départ*, les soldats de la Révolution française clamaient à tue-tête leur haine du despotisme : « Contre nous de la tyrannie », « Tyrans descendez au cercueil ». Le message est clair, sauf peut-être quand l'on entend dans les campagnes « mugir ces féroces soldats ». Mugir ? L'ennemi ne peut pas être un fauve et rugir. Il est plutôt bovin et il mugit, avec un cri long et prolongé, une sorte de mugissement.

Les Français sont toujours prêts à renverser le **conculcateur**, celui qui opprime et oppresse, du latin *conculcare*, littéralement fouler aux pieds : « Tu es le conculcateur des peuples, le dominateur des trônes, et les hommes sont devant toi comme les grains de sable que soulève le vent du sud », déclare Tahoser, la fille du grand prêtre, à Pharaon, dans *Le Roman de la momie*, de Théophile Gautier, paru en 1858.

Conculquer les conculcateurs est un sport national, louer l'homme providentiel aussi : au moins depuis Napoléon, les Français semblent souventefois en attente d'un sauveur. La grand-messe de l'élection présidentielle le démontre. Après un combat acharné entre les prétendants, un chef est élu. Le voici **lauré** car orné d'une couronne de laurier : il est le lauréat. Le chef de l'État est **apothéosé**, mis au rang des dieux ou, de manière plus modeste, exalté, glorifié : il est en état de grâce.

Attention à bien choisir ses ministres : il y a peut-être un conculcateur putatif ou une conculcatrice putative dans l'entourage élyséen. Autour de tout pouvoir, du chef de bureau au président de la République, s'agrègent les flatteurs. Un flot de courtisans vient déclarer sa fidélité à celui qui domine. Se forme alors une cour, espérons seulement qu'elle ne se transforme pas en **camarilla**. Le mot est emprunté à l'Espagne où il désigne, depuis le Moyen Âge, la petite pièce dans laquelle le roi reçoit ses familiers. Camarilla s'impose dans notre langue au dix-neuvième siècle : elle est l'entourage d'un souverain sur lequel elle exerce une influence négative. Gustave Flaubert n'est pas réputé pour son œuvre théâtrale, sans doute parce qu'elle est assez réduite et parce qu'elle n'a pas connu le succès de ses romans. Dans *Le Candidat*, joué au théâtre du Vaudeville en 1874, Flaubert présente Monsieur Rousselin, un industriel qui se destine à la députation, et qui prend grand soin à composer ses discours :

Si je comparais l'Anarchie à un serpent, pour ne pas dire hydre ? Et le Pouvoir… à un vampire ? Non, c'est prétentieux ! Il faudrait cependant intercaler quelque phrase à effet, de ces traits qui enlèvent… comme : « fermer l'ère des révolutions, camarilla, droits imprescriptibles, virtuellement ; » et beaucoup de mots en isme *: « parlementarisme, obscurantisme !… » Calmons-nous ! un peu d'ordre. Les électeurs vont venir, tout est prêt.*

Les électeurs sont venus et Rousselin est élu député. Les spectateurs, eux, ne se sont pas déplacés pour voir la pièce de Flaubert qui fit un four. À vrai dire, la critique a été mauvaise. Au théâtre ou en politique, le danger est d'être victime d'une cabale : **cabaler**, c'est intriguer, conspirer. Le complot cabalistique est déjà présent au seizième siècle pour désigner des doctrines, des traditions considérées occultes, ésotériques, et s'inspire de la kabbale, *qabbāla*, l'interprétation juive de la Torah.

Tout homme ou femme politique craint d'être **dépopularisé**, ce verbe étant moins galvaudé que le sempiternel : « connaître la fin de l'état de grâce ». Le fringant élu ne doit pas se transformer en **burgrave**, un vieillard aux idées démodées. Le mot vient d'Allemagne. Le bourchgrave ou bourgrave du Moyen Âge est le commandant d'une place forte ou d'une ville. Il ressurgit au dix-neuvième siècle grâce au romantisme. En 1828, dans ses *Odes et ballades*, Victor Hugo publie « La chasse au burgrave », une œuvre de jeunesse à la saveur médiévale. En 1842, il publie *Le Rhin*, une correspondance imaginaire où il confirme sa fascination pour les burgraves,

« ces formidables barons du Rhin, produits robustes d'une nature âpre et farouche ».

En 1843, Victor Hugo n'en a toujours pas fini avec les burgraves qu'il présente cette fois sur une scène de théâtre. La pièce est un fleuron du drame romantique : dans *Les Burgraves*, Hugo mobilise le folklore médiéval : une sorcière, l'empereur Frédéric Barberousse et toute une tripotée de burgraves, vieillards dotés d'une propension aux longs discours. La préface qu'il donne à sa pièce est un manifeste :

Un jour, espérons-le, le globe sera civilisé. Tous les points de la demeure humaine seront éclairés, et alors sera accompli le magnifique rêve de l'intelligence : avoir pour patrie le Monde et pour nation l'Humanité.

Le rêve hugolien de 1843 est encore d'actualité. Les burgraves, eux, ont quitté le Moyen Âge pour entrer en politique : en 1850, sous la Deuxième République, Louis-Napoléon Bonaparte étant président, une loi est votée qui limite le suffrage universel. Elle impose d'être domicilié depuis trois ans dans la même commune pour pouvoir voter. La commission chargée de préparer cette loi comprend, entre autres, les conservateurs Adolphe Thiers, Charles de Montalembert et Mathieu Molé, surnommés « les Burgraves ».

La Deuxième République s'est transformée en Empire puis l'Empire en République, la Troisième. Une quatrième et une cinquième plus tard, quelques pratiques monarchiques perdurent. Certains ronchonneurs parlent même d'oligarchie, de « système politique dans lequel le pouvoir appartient à un petit nombre d'individus ou de familles, à une classe sociale restreinte et privilégiée », explique le *Trésor de la langue française*. La politique est devenue un métier qui peut s'exercer une vie entière ; la république se fait parfois **mandarinique**[1].

L'attrait qu'exerce le pouvoir est propre à la nature humaine. Certains y sont plus sensibles que d'autres et, même en république, le **mamamouchisme** fait rage. Le mot est dérivé du titre honorifique que Molière donne à Monsieur Jourdain dans *Le Bourgeois gentilhomme* :

> *Monsieur Jourdain*
> *Oüy. Il me faut porter du respect maintenant, et l'on vient de me faire Mamamouchi.*
>
> *Madame Jourdain*
> *Que voulez-vous dire avec vostre Mamamouchi ?*
>
> *Monsieur Jourdain*
> *Mamamouchi, vous dy-je. Je suis Mamamouchi.*
>
> *Madame Jourdain*
> *Quelle Beste est-ce là ?*
>
> *Monsieur Jourdain*
> *Mamamouchi, c'est à dire, en nostre langue, Paladin.*
>
> *Madame Jourdain*
> *Baladin ! Estes-vous en âge de dancer des Ballets ?*

1. Dans la Chine ancienne, les mandarins étaient des fonctionnaires lettrés qui organisaient la vie du pays, un groupe fermé et souvent coupé du peuple.

Monsieur Jourdain
Quelle ignorante ! Je dis Paladin ; c'est une Dignité dont on vient de me faire la Cérémonie.

À défaut d'être élevé au titre de mamamouchi, la personne qui occupe une haute fonction dans nos institutions peut espérer être **monseigneurisée**. Il y a un peu de flatterie et beaucoup de moquerie dans ce « monseigneur ». Étonnant hasard de la langue, monseigneuriser n'est pas seulement un verbe destiné aux courtisans. Il signifie également ouvrir une porte, avec une pince-monseigneur. Les deux ne sont pas incompatibles. Spécialiste des cercles fermés de la bonne société, Marcel Proust, dans *Le Côté de Guermantes* paru en 1920, considère que « l'intelligence était l'espèce de "pince monseigneur" grâce à laquelle des gens qu'on ne connaissait ni d'Ève ni d'Adam forçaient les portes des salons les plus respectés ». La République aussi a ses princes, ses monseigneurs, et ses pince-monseigneurs. Les rois, eux, ont leur triboulet et leur marotte.

Triboulet & sa marotte

Marotte, triboulet, croquer le marmot, mariole, mercurial, junonien, jupitérien, triboulette

Les puissants ont tous des **marottes**, des dadas divers et variés[1]. Seuls les plus sages sont suffisamment avisés pour y ajouter un **triboulet**, un conseiller qui va pointer leurs ridicules et leur rappeler qu'ils ne sont rien. Nous avons gardé la marotte et mis son triboulet au rebut. Pourtant, l'un ne va pas sans l'autre et il est regrettable que nos puissants n'aient pas toujours un triboulet à leurs côtés.

L'histoire de triboulet est, littéralement, une histoire de fous. Elle commence au quinzième siècle, à la cour de René Ier, duc d'Anjou, roi de Sicile et de Jérusalem, que ses sujets surnommaient le bon roi René.

1. Si le dada est devenu l'équivalent d'une passion ou d'une toquade, c'est grâce à l'anglais et au tiercé : en effet « dada » apparaît pour la première fois au dix-septième siècle pour traduire le *hobby horse*, le cheval sur lequel le joueur aime à miser.

René est un joyeux drille, René aime bien rire, René est généreux : non seulement il entretient toute la troupe de théâtre de son bouffon, Triboulet, mais il lui laisse faire des farces et des sotties, parmi lesquelles *La Farce de Maître Pathelin* vers 1455 qui signe l'acte de naissance de l'humour gaulois[1]. La largesse du souverain ne s'arrête pas à la scène : à Triboulet Ier, il donne des atours royaux – un peu grands car, en plus d'être fou, Triboulet est nain –, une épouse de haut rang ainsi qu'une marotte. La marotte n'a encore rien à voir avec la manie, mais s'apparente à la Marie, la poupée de bois, de cire, de son ou de chiffon qui s'emporte partout pour distraire les enfants et les plus grands. Barbie médiévale, elle ne va pas sans son Ken, intrépide et insipide. La version masculine s'appelle le marmot et a laissé une jolie expression à notre langue : **croquer le marmot**, qui ne signifie pas être un ogre, pédophile et cannibale, mais tuer le temps, parce que les adultes ont besoin de s'ennuyer pour se distraire. Un autre modèle est la **mariole**, une figurine féminine que les colporteurs vendent pour occuper les mains et les poches, l'équivalent du *tesbih* turc, du *komboloï* grec et du *hand spinner* américain. Quel que soit le nom, la forme et l'origine de l'objet, l'important c'est de le tripoter.

La première marotte, la Marotte de Triboulet, devait être particulièrement jolie. C'est bien simple, Triboulet l'aime plus que la femme que René lui a donnée en mariage, plus que la jument que Charles d'Orléans lui a offerte, plus que tout : le fou en est

1. Une sottie, ou sotie, est une farce satirique en vogue à la fin du Moyen Âge.

fou ; elle est son obsession, sa marotte, Triboulet demande d'être enterré avec elle. Fin de l'acte I.

L'acte II s'ouvre au début du seizième siècle, à la cour du roi Louis XII, dit « le Père du peuple », le fils de Charles VIII « l'Affable » et le petit-fils de Louis XI « le Prudent », lui-même descendant de Louis X « le Hutin » et du meilleur d'entre eux tristement disparu, Jean Ier, dit « le Posthume ». Ce Triboulet-là ne s'appelle pas initialement Triboulet, mais Nicolas Ferrial. Comme il est nain, drôle et que la mode est aux surnoms, il se fait appeler triboulet, devenant ainsi le premier triboulet sans majuscule.

Triboulet II est un coriace : il a la vie et la dent dures, l'esprit aiguisé. Il atteint l'âge canonique de presque soixante ans, un record pour un satiriste. Rabelais, dans le *Tiers Livre*, utilise plus de deux cents adjectifs pour peindre le personnage. Il est notamment **mercurial**, c'est-à-dire lunatique comme le dieu Mercure, **junonien**, c'est-à-dire en proie à des colères explosives. Il pourrait être **jupitérien**, mais Rabelais le préfère jovial, qui vient aussi de Jupiter, mais en plus sympathique. Condamné à mort par François Ier pour un mot de trop, il obtient d'avoir le choix quant à la façon dont il va être tué. Il demande à mourir de vieillesse. Le roi, hilare, commue la peine en bannissement.

Un bon mot vaut de l'or, il est dur comme le diamant. Triboulet a quitté la cour du Louvre, mais fait fortune quai des Orfèvres. En effet, triboulet a un double, un homonyme. Il sert aussi à l'art des bijoutiers. Il désigne tantôt une pièce de bois destinée à arrondir, tantôt le cône servant à mesurer le diamètre des bagues. Il se vend de nos jours quelques euros.

Excessif, il ne se contente pas d'avoir un double, il a un triple. Si Triboulet II n'a rien écrit, il a fait souche : le jour du carnaval, ce sont ses descendants, appelés les petits triboulets, qui sont chargés de jeter les confettis.

Les tribulations géographico-sémantiques de triboulet ne s'arrêtent pas là : il est attesté en Bretagne où il est un jeu de culbute ; dans le Midi et le Poitou, il désigne une sorte de ragoût. Aujourd'hui, il est présent partout dans le beau Bottin de France car il n'est pas une région qui ne compte des dizaines de Monsieur ou Madame Triboulet. Au dix-septième siècle, il a rejoint la capitale, plus exactement la banlieue de Port-Royal, lorsque la mère supérieure donne une bonne recette à son économe pour nourrir les miséreux sans dépenser un kopeck, quoiqu'à l'époque on dît plutôt sans débourser un sou : « Dites-lui que j'ai trouvé une meilleure invention pour le potage des pauvres… je prends, au lieu du boisseau qui vaut 50 sous, un petit mouton ou des fressures ou des triboulets qui ne coûtent pas tant ; je fais cuire la viande, puis on la retire, on la hache par petits morceaux, et on coupe aussi le pain[1]. » Ce porc n'a pas grand-chose de royal car son triboulet n'est pas resté fameux. Fin de l'acte II, entracte.

L'entracte dure plus d'un siècle, plus qu'il n'en faut pour digérer une religieuse et avoir faim d'un nouveau triboulet. Triboulet III revient sur scène en 1832, sous la forme d'une pièce plus que roborative, *Le roi s'amuse*, un drame historique de Victor Hugo.

1. *Lettre de la mère Angélique à la célérière de Port-Royal*, 17 janvier 1649, dans Alphonse Feillet, *La Misère au temps de la Fronde*, 1862.

Malgré la présence de ses amis venus pour l'occasion faire la claque, malgré le génie de Victor Hugo, âgé alors d'une trentaine d'années, malgré des rimes aussi inoubliables que « La vie est une fleur, l'amour en est le miel. / C'est la colombe unie à l'aigle dans le ciel », personne ne s'amuse, à commencer par le roi Louis-Philippe, qui dès le lendemain fait interdire la pièce qui critique le monarque et son entourage.

Triboulet disparaît pour quelques années, avant de ressusciter en 1878, dans un journal lancé par *Le Figaro*, qui le distribue en supplément, *Le Triboulet*. N'en déplaise à Figaro, *Le Triboulet* devient le double mauvais du valet de Beaumarchais. Alors que *Le Figaro* a, le premier, le 14 novembre 1897, publié le dossier Scheurer-Kestner innocentant le capitaine Dreyfus, la feuille de chou a pris des relents nauséabonds, monarchistes et antidreyfusards. De quoi faire se retourner dans leurs tombes Hugo, le fou du roi René, et sa marotte avec.

La marotte justement a beaucoup souffert des outrages du temps. Mignonne poupée jadis, elle s'est aigrie en prenant de l'âge : une marotte aujourd'hui est une folie douce certes, mais agaçante quand même. Triboulet l'a délaissée et s'est mis à courir la gueuse, tant et si bien qu'il a dégotté une nouvelle amie, la **triboulette**. Ils se bécotent, fricotent et s'asticotent dans les *Contes d'un buveur de bière* de Charles Deulin, publiés en 1868 à Bruxelles. De même que Triboulet est nain, la triboulette n'est pas très élancée. Ce n'est pas un pot à tabac, mais, modeste, elle tient dans une petite pinte de bière, mousse comprise, ce qui lui a valu son sobriquet. Ce n'est pas grave, le plus important est qu'elle soit une bonne chopine. Ni le turbulent triboulet ni sa pétillante triboulette ne sont dans le *Dictionnaire de l'Académie française* : ils trinquent tous les deux à la prestigieuse académie de la bière.

Le triboulet est un personnage grotesque, un bouffon. Il est donc essentiel en politique, sans doute autant que l'homme costaud, le gros bras, le malabar, une force de la nature au destin étonnant. Serait-ce lui l'homme providentiel, le sauveur de la nation ?

Les Malabars & les princes de Calembour

Malabar, marinette, houache, calambar, aquilaria, bois de calambour, calembouriste, calembourdier, calembouresque

Qui sont les **malabars** ? Nous les connaissons comme des hommes dotés d'une force remarquable qui ne mâchent pas leurs mots. Ils sont aussi des chewing-gums au goût parfois exotique. Les vrais malabars sont un peu tout cela. Ils viennent du bout du monde et ont bravé les épreuves et les mers en furie. Ils nous rappellent que la politique n'est pas toujours rose bonbon et que la France a été un pays esclavagiste.

De Palos de Moguer, routiers et capitaines
Partaient, ivres d'un rêve héroïque et brutal.
Ils allaient conquérir le fabuleux métal
Que Cipango mûrit dans ses mines lointaines

En 1893, *Les Conquérants* de José-Maria de Heredia rêvaient d'arriver, à pied ou par mer, jusqu'en Chine, qui s'appelait encore Cipango. Chercheurs d'or des lettres, mettons la **marinette**, la boussole des marins, en direction de ces paradis lointains et des mots qui en ont été rapportés. Bravant les tourbillons, ils abordent les rivages de l'Insulinde et de la Cochinchine. De Rajapour à Cochin s'étendait la côte de Malabar, pays des Malabaries et de tant de peuples exotiques dont les mœurs abominables, les idolâtries monstrueuses et les cérémonies barbares font les délices des lecteurs de *La Cosmographie universelle* d'André Thévet, en 1575. Parmi les choses les plus incongrues et les plus remarquables promises par l'auteur, parmi les baleines cornues, les crocodiles barbus, les crapauds-escargots géants, les hommes-lions et chats-dragons, se trouvent, au-delà de l'Arabie Heureuse, les Princes Indiens et les Rois de Circan et Malabar. Entre eux ce ne sont que « cruelles guerres », « contrarietez & opinions peruerfes de Religion ». En effet, ces Malabars ne sont pas seulement costauds, ils sont aussi très chrétiens, ayant été évangélisés par saint Thomas. Voilà qui explique le sens premier donné par le *Trésor de la langue française* : un malabar est avant tout un chrétien de rite oriental, de l'État de Kerala en Inde méridionale. Ainsi existent encore aujourd'hui un diocèse et un évêque malabars et même une deuxième obédience, les nestoriens malabars.

À force de « s'entrechamailler » avec leurs voisins, les Malabars sont rattachés au royaume du Portugal, qui les considère tous comme schismatiques et, pour les ramener dans le droit chemin, les réduit en esclavage : quels que soient leurs goûts, mêmes mous, ils restent durs à la tâche. Voilà qui explique le deuxième sens, celui que nous connaissons mieux, d'homme fort et costaud.

Malabar est enrôlé dans la marine. Sa **houache**, le sillage qui suit les navires, a charrié force jolis termes, déposés çà et là au gré des aventures et des voyages. Malabar a fait le tour de la planète et recoupé des réalités diverses : dans l'océan Indien, il est une île, aux Antilles, une ville de la petite république de Trinité-et-Tobago. À la Réunion, il désigne les descendants des esclaves indiens, dont la Malabaraise (un des féminins de malabar) qui séduit Charles Baudelaire. Si le poète pensif fait l'éloge des grands yeux de velours de la dame créole, il ne précise pas si elle a de beaux biscoteaux. En revanche, il rappelle qu'elle est une esclave.

Dans les cales honteuses des négriers, les forts malabars valent leur pesant d'or. À l'encan, en France jusqu'en 1848, les marchands proposent non seulement de la vanille de Bourbon et du sucre de canne, mais aussi des durs malabars et des calambous mous. Les calambous, ou **calambars** ou calambacs, coûtent alors moins chers que des malabars. Cette époque est révolue et le calambar peut valoir jusqu'à trois cent mille dollars le kilo : à cause d'une consommation excessive, les arbres qui produisent cette résine végétale font partie des espèces menacées. Si le nom savant de ce type d'aloès est l'**aquilaria**, il était communément appelé en France « **bois de calambour** » jusqu'à ce que lui soit préféré le nom de « bois d'agar » ou « bois d'oud », qui fait plus couleur locale. En huile, en poudre, en essence, sous toutes ses formes, le calambour possède mille et une vertus, dont celle de faire rire, même les esprits les plus sérieux. Il déride Émile Littré, l'auteur du dictionnaire, qui est rarement aussi disert que pour narrer l'histoire du mot calembour en français :

M. Sardou rattache ce mot au bois de calambour ; voici comment : il a trouvé dans des papiers provenant de Favart un manuscrit de Fuzelier contenant les Montgenettes, *recueil de chansons composées à Montgent par de bons vivants de la société d'autrefois. On improvisait, sauf l'abbé Chérier, censeur royal, qui restait court au milieu de ces improvisateurs intrépides. Un jour l'abbé accourt, criant qu'il venait d'enfanter une jolie chanson, et il chanta d'abord sur l'air,* Plaignons le malheur de Lulli, *etc. Pleurons tous en ce jour... Après ce beau vers, sa muse, fatiguée de cet effort spirituel, fit une pause prudente et nécessaire. La compagnie, charmée d'un si heureux début, le presse d'achever. Le poëte léger recommença :* Pleurons tous en ce jour... *et s'arrêta là une seconde fois... On le conjura de continuer un ouvrage qui promettait tant. Enfin, après avoir invoqué Apollon et remonté sa lyre, il entonna pour la troisième fois avec une emphase digne du sujet : Pleurons tous en ce jour... Du bois de calambour... Son Pégase essoufflé ne peut faire un pas de plus, il s'arrête court. – Ce poëme ébauché risquait d'avoir le sort de l'*Énéide *et de n'être pas achevé si Mareuil, osant suivre ce nouveau Virgile, n'avait pas sur-le-champ terminé cette importante affaire comme il suit : « Pleurons tous en ce jour Du bois de calambour... Crioit d'une voix emphatique Un abbé qui n'est pas éthique ; Aussitôt en chœur on lui dit : Il a mal à* *l'esprit. » Et, après avoir reproduit ces vers de fermier général, Fuzelier ajoute : « Ce mot de* calambour *fut tant répété ce jour-là et depuis par la société de Montgent, pour signifier comiquement et allégoriquement fadaise, baliverne, pauvreté, qu'il a fait fortune et est devenu proverbe. » Mareuil d'ailleurs fit incontinent la chanson suivante : Sur l'air :* Tout cela m'est indifférent *: « Pour ne jamais demeurer court, Prenez gaule de calambour ; Touchez avec cette baguette Le stupide ou l'homme d'esprit, Vous verrez que d'une sornette Ainsi que d'un bon mot il rit. » M. Sardou conclut de là que, franchissant les limites de Montgent, et propagée au dehors par les gens de tout rang auxquels Fuzelier fait allusion, la locution nouvelle s'est insensiblement transformée sur la route ; et que, s'écartant de plus en plus de sa signification première, elle en est venue tout doucement à ne plus désigner seulement une* sottise, *mais aussi, et par la ressemblance des deux mots, une* calembredaine, *puis le* coq-à-l'âne, *l'*équivoque, *et enfin* le jeu de mots *tout spécial qu'elle caractérise aujourd'hui, et qui, depuis longtemps, attendait une expression qui lui fût propre.*

Pour calembour, Littré finit par préférer une étymologie à l'origine plus noble, plongeant ses racines au château de Calenberg (ou Kahlenberg). Il était une fois, dans le Saint-Empire romain germanique, un charmant château blanc non loin de Hanovre. S'il n'abritait ni prince charmant ni fée ni princesse, il avait un seigneur, hilarant malgré lui, qui devint ambassadeur à Paris. Victime sans doute d'un maléfice diplomatique, le noble Kahlenberg aurait eu un accent si ridicule et si incompréhensible qu'il aurait donné naissance au mot de calembour.

D'autres encore prétendent que le calembour viendrait de la calembredaine ; d'autres enfin qu'un certain curé de Calemberg qui, à la différence de l'abbé Tumaine et de l'abbé Taconcourt, aurait été très spirituel, comme son vieil ami, l'abbé Stialité. Le terme « calembour » est vite adopté et se décline en mots rares tels que **calembouriste, calembourdier, calembouresque**. En verbe, il se conjugue : chez Balzac, dans *La Rabouilleuse*, on rabouille, mais Mistigris, le peintre, calembourdise. Aujourd'hui, il est un symbole de l'esprit à la française. Il trône à côté de la baguette, du béret, des carambars et des malabars.

N'oublions jamais, en politique comme ailleurs, que le malabar, avant d'être un costaud, est un esclave, et que l'homme, avant d'être l'espèce dominante, n'est qu'un animal.

Les mots des animaux

Si les élus parcourent la campagne et les salons de l'agriculture, c'est peut-être parce qu'ils ont appris que nous sommes des animaux politiques.

Avec sagesse, les dictionnaires nous rappellent que l'homme n'est qu'une bête, même s'il cherche à s'en cacher. À l'instar de certaines espèces, les champs lexicaux désignent des mots en voie de disparition. Ils méritent d'être protégés car de nombreux noms donnés aux bestioles parlent en réalité de nous. Nous partageons avec le cheval, le coq ou la vache de beaux vocables. D'ailleurs, il n'est pas rare d'entendre un être humain se faire qualifier de porc, de cochon, de chien ou de bourrique. Avant d'être des peuples civilisés, nous sommes des créatures vivantes. À nous comme à notre langue s'applique l'évolution darwinienne.

Nous vivons coupés de la nature et croisons plus de machines que de vivants. Musardons, un brin de culture à la bouche et un dictionnaire à la main, à la ferme des mots rares. Que ces bestioles soient sur terre ou en mer, dans les forêts vierges ou la basse-cour, elles se cachent derrière de farouches apparences qui peuvent sembler effrayantes et monstrueuses : elles ne demandent pourtant qu'à être apprivoisées.

N'ayons pas peur des mots des animaux et retenons les sages paroles du lexicographe : ce n'est pas la petite bête qui va manger la glose.

Adieu veau, vache, cochon, couvée...

Jean de La Fontaine,
Perrette et le pot au lait, 1678

... bienvenue, souriquois, guéret, leu, hynerie, vidart, raminguer, quoailler, hongrer, casseau, zain, rubican, louvet, moreau, ventrouiller, juc, côcher, gringotter, courcaillet et ploc !

Certains noms donnés aux animaux peuvent être facilement devinés. Quand s'agite le peuple **souriquois** chez Jean de La Fontaine, les rongeurs sont aisément identifiés. « Souriquois » pointe son museau frémissant dans la fable *Le Combat des rats et des belettes* où les champs de bataille sont des **guérets**, des terrains labourés mais pas encore ensemencés :

Plus d'un guéret s'engraissa
Du sang de plus d'une bande.

Mais la perte la plus grande
Tomba presque en tous endroits
Sur le peuple souriquois.
Sa déroute fut entière.

La Fontaine est une source de mots rares. Toujours pour des rongeurs, le fabuleux fabuliste parle de « la gent trotte-menu » dans *Le Chat et un vieux rat,* une fable dont la morale est édifiante : « La méfiance est mère de la sûreté ».

Les appellations sont parfois désuètes mais les animaux, eux, n'ont pas disparu. Discret mais essentiel dans le bestiaire rôde le **leu**. Ce loup est toujours présent dans les cours de récréation ou en fin de banquet, puisqu'il se trouve à la queue leu leu.

Certaines espèces animales, par leur proximité avec l'homme, sont privilégiées. Durant des siècles, les chevaux ont été omniprésents dans le quotidien, pour le transport, à la ferme, sur les champs de bataille. Ils se plaisaient autant à gambader dans un dictionnaire que dans une **hynerie**, un haras, là où il est né et où il hennit. Le vocabulaire équestre est riche de mots qui ne sont plus utilisés. Le cheval a ses mots mais aussi ses maux car, s'il est **vidart**, ses diarrhées sont fréquentes. S'il est atteint de fourbure, il souffre d'une congestion inflammatoire des tissus du sabot : nous voici face à un cheval fourbu, souvent parce qu'il a travaillé à en être épuisé : « Justin talonna si fort le cheval de Bovary, qu'il le laissa dans la côte du bois Guillaume, fourbu et au trois quarts crevé », s'offusque Gustave Flaubert.

Comme les humains, chaque cheval a son caractère. Certains **raminguent** car ils refusent d'avancer malgré les coups d'éperon. D'autres, énervés, **quoaillent** car ils remuent la queue continuellement. Méritent-ils d'être **hongrés**, c'est-à-dire castrés, à l'aide de terrifiants **casseaux** ? Le vocabulaire animal a cela de chouette qu'il peut être facilement appliqué à l'être humain. Nous connaissons tous des hommes qui raminguent et d'autres qui quoaillent.

Les spécialistes de tuning connaissent par cœur le nuancier des couleurs de peinture pour leur voiture. Nos ancêtres étaient attentifs à la robe du cheval. Sans aucun poil blanc il est **zain**, mais si quelques-uns se sont glissés sur sa robe alezane, le cheval se transforme comme par magie en alezan **rubican**. Parfois, il est **louvet** car sa robe fait penser à celle du loup. Si le cheval est noir et luisant, il est **moreau**, l'adjectif ne s'appliquant pas aux vaches : un cheval moreau est acceptable mais pas de moreau vache. Dans son *Dictionnaire des arts et des sciences*, en 1694, Thomas Corneille définit la vache avec des mots simples : « Bête à cornes, qui porte les veaux & qui donne beaucoup de lait. C'est la femelle du Taureau. » Pourtant, les bovins eux aussi ont leurs mots rares, et **ploc** ! Le ploc étant un simple poil de vache, ou de chèvre. Il est utilisé dans l'industrie textile, pour faire des couvertures, ou dans la marine, pour calfater les bateaux.

Quand nous entendons qu'un porc prend plaisir à se **ventrouiller**, nous imaginons tout de suite la scène. Dans son roman *En route*, Huysmans se souvient d'une scène porcine :

Un formidable verrat passa tel une trombe, culbuta une brouette, fit jaillir tout autour de lui, ainsi qu'un obus, des éclats de terre ; puis il courut au galop, en rond, tout autour de la cour et finit par aller piquer une tête dans une mare de purin. Il s'y ventrouilla, s'y retourna, gigota, les quatre pattes en l'air, s'échappa de là, noir, sale de même qu'un fond de cheminée, ignoble.

Le verbe ventrouiller mérite d'être remis à l'honneur car, au-delà de se vautrer dans la boue, il possède un sens figuré bien pratique. Huysmans, à propos des débats au Parlement, évoque ceux qui « s'étaient ventrouillés dans le purin de cette éloquence ». Les courtisans se ventrouillent aux pieds des puissants, les arrivistes dans la bassesse, et nous-mêmes dans les dictionnaires. Chacun se ventrouille où cela lui plaît, rien ne sert de monter sur ses grands chevaux.

Les volatiles offrent, eux aussi, un vocabulaire chantant. Dans la basse-cour, où picore l'espèce galline, madame la poule quitte le **juc** où elle s'était perchée et se fait **côcher** par le coq, un coquin qui coquerique quand il chante cocorico. De leur côté, les petits oiseaux **gringottent**, disons qu'ils crient ou qu'ils chantent. Les mots d'animaux migrent bien souvent dans le monde des humains : un gredin gringotte faux quand il fredonne de travers. Le rapace comme l'oiseleur amateur de bonne chère deviennent podagres en vieillissant[1]. Lorsque c'est la fin et que cela ne sent plus très bon, ni pour eux ni pour leur entourage, ils sont pouacres, un mot à

1. Le mot podagre désigne à la fois une maladie de la patte des rapaces et l'état d'un homme souffrant de la goutte. Chose étrange, le mot est très peu utilisé dans l'histoire, si ce n'est pour désigner Louis XVIII, gros souverain du dix-neuvième siècle, « le roi podagre ».

ne réveiller que dans certaines occasions. À l'oreille du promeneur, le joli **courcaillet** que siffle la caille est plus doux que le cri de l'aigle noir qui glatit, un beau jour ou peut-être une nuit. Le vocabulaire des oiseaux provoque l'engouement quand apparaissent l'engoulevent, petit passereau chanté par la divine Barbara qui portait, « en ces temps, l'étole d'engoulevent », à *Marienbad* évidemment.

Coqs en stock

Coqueluche, coqueriquer, galimatias, chauche-poulet, coquemar, cocodrille, cocassier, emberlucoquer, coquebin, coquecigrue, côcherie, coq-des-marais, coq-des-mers, alcyon, coqualin, cochelet, menthe de coq, coquemelle, cocodès, copurchic, coqueplumet, coquelet, coquelineux, coquebin, coco-bel-œil, coquefredouille and cie

Quand le coq est-il devenu l'emblème de la France ? À l'origine, il y aurait un jeu de mots entre *gallus*, en latin le « coq », et *Gallia*, la Gaule. Ils sont fous ces Romains, mais ils sont drôles et influents : à la suite d'une blague digne d'Astérix, l'animal a été, au fil du temps, propulsé au rang de vedette nationale. Depuis la « grille du coq » sur laquelle son effigie est dressée, il défend fièrement le palais de l'Élysée. À chaque inauguration, il trône sur les plastrons des maires de France.

Une autre vedette nationale, Edmond Rostand, s'en empare. Après *L'Aiglon* et *Cyrano*, l'auteur n'a plus peur du panache et des plumes. **Coqueluche** du Gotha mondain, à lui poulettes, coquettes et cocottes à gogo : il est le coq du village des lettres, la poule aux œufs d'or des éditeurs et des directeurs de théâtre. Il sait que, comme la coqueluche, ou toux du coq, la fièvre de la renommée n'est pas éternelle. Il est resté presque dix ans sans rien offrir à son public d'où quelques cancans désagréables sur son manque de productivité[1]. En 1910, enfin, il a terminé de couver *Chantecler*, histoire d'amour dramatique en quatre actes et soixante-dix personnages, se déroulant dans un poulailler. Certes, les plumes et les frous-frous sont à la mode à la Belle Époque mais le public est dérouté par les alexandrins volubiles et caquetants de Chantecler, le fier héros de la pièce, persuadé que c'est son cocorico matinal qui provoque le lever du soleil. Au théâtre de la Porte-Saint-Martin, des premières au poulailler, nombre de spectateurs restent comme des poules devant une brosse à dents, entendant Chantecler **coqueriquer** :

Oui, Coqs affectant des formes incongrues,
Coquemars, Cauchemars, Coqs et Coquecigrues,
Coiffés de cocotiers supercoquentieux...
– La fureur comme un Paon me fait parler, Messieurs !
J'allitère !....

1. Si la coqueluche désigne la toux du coq, les cancans ne viennent pas des gallinacés, mais du latin, *quanquam*, qui signifie « mais », « quoique » et toutes les façons de marquer son opposition. Les cancaniers sont donc par définition des ergoteurs, ce qui nous ramène à notre poulailler : dicocorico, que la langue française est bien faite !

Chantecler ne manque pas de souffle et poursuit :

Oui, Coquards cocardés de coquilles,
Coquardeaux, Coquebins, Coquelets, Cocodrilles,
Au lieu d'être coquets de vos cocoricos,
Vous rêviez d'être, ô Coqs ! de drôles de cocos !
Oui, Mode ! pour que d'eux tu t'emberlucoquasses,
Coquine ! ils n'ont voulu, ces Coqs, qu'être cocasses !
Mais, Coquins ! le cocasse exige un Nicolet !
On n'est jamais assez cocasse quand on l'est !
Mais qu'un Coq, au coccyx, ait plus que vous de ruches,
Vous passez, Cocodès, comme des coqueluches !
Mais songez que demain, Coquefredouilles ! mais
Songez qu'après-demain, malgré, Coqueplumets !
Tous ces coqueluchons dont on s'emberlucoque,
Un plus cocasse Coq peut sortir d'une coque,
– Puisque le Cocassier, pour varier ses stocks,
Peut plus cocassement cocufier des Coqs ! –

Cela fait beaucoup de coqs pour une même tirade et, tandis que Chantecler allitère et Rostand assone, les critiques sont mitigés voire médusés avant de poliment décréter que Rostand est plus poète que dramaturge.

Il est vrai que dans ces stances du coq, il n'y a pas que des gallinacés : quelques **galimatias** s'y sont glissés[1]. Certes le cauchemar jadis s'appelait le

1. Parmi les étymologies de galimatias, deux les rapprochent du coq gaulois. La première prend la forme d'une anecdote, un avocat devant plaider en latin dans une affaire de poulet au point de dire *galli Mathias* au lieu de *gallus Mathiae*, « le coq de Mathieu », son client. La seconde nous emmène en classe de rhétorique, au seizième siècle, où l'étudiant qui se frottait pour la première fois à la science, *mathemata*, était appelé *gallus*.

chauche-poulet, un diable à jabot, élevé en liberté qui quittait le poulailler pour torturer les dormeurs en se posant sur leur ventre. Toutefois, depuis Ambroise Paré, le médecin sait que les démons à plumes n'existent pas et qu'au contraire bien des cauchemars sont éteints par le chant du coq. Les plus superstitieux peuvent se débarrasser de leurs vieux coqs retors dans un **coquemar**, qui est un petit chaudron, ou le donner en pâture à un **cocodrille** qui désigne le crocodile. Le **cocassier**, le marchand de beurre et d'œufs, a pour étymologie la coquille d'œuf, de même que coco et l'abracadabrantesque **emberlucoquer,** qui, à l'imparfait du subjonctif prend toute sa démesure. Le mot n'est pas un synonyme d'emberlificoter, mais de s'enticher : par exemple, un ou une de vos ami(e)s s'est emberlucoqué(e) d'un **coquebin**, un jeune minet mignon et naïf.

Le coq n'est pas bien loin mais les savants, même s'ils ignorent qui de la poule ou de l'œuf fut le premier, ont tranché et exclu le coq de nombre des termes employés par Rostand. Le coquin vient du *coquus*, le cuisinier en latin, et n'a pas grand-chose de commun avec le coq, de même que le cocu : le premier à être cocufié fut, selon l'étymologie, un coucou. Le cas des **coquecigrues** est plus ambigu. Aujourd'hui championnes des dictées d'esthètes, employées comme synonymes de « balivernes », elles ne contiennent, à l'origine, qu'un petit morceau de coq : les coquecigrues ont davantage leur place avec les animaux fantastiques que dans la basse cour, nous y reviendrons[1].

1. Voir page 215.

Dans l'imaginaire coquin, la vie sentimentale du coq passe pour débridée. Avant d'être le symbole de l'orgueil français, le coq est un symbole de vanité virile, deux mots allant souvent de pair. Dans l'Antiquité, le champion du poulailler olympien, c'est Jupiter, tandis qu'une autre légende raconte l'histoire d'un berger romain criant cocorico dès qu'il viole une nymphe. Pour sa peine (et pour son plaisir), il est transformé en coquelicot, dont la couleur évoque la crête du coq. Depuis la nuit du temps et l'aube de l'humanité, du soir au matin, partout, le coq côche.

Insatiable, le coq ne se contente pas des nuits gallines : il sort du poulailler et vole dans les plumes de la gent féminine, de toutes les espèces voire de tous les continents. De ces **côcheries** perverses sont nés quantité de bizarres mots bâtards. En forêt, le coq a donné le jour au sauvage coq de bruyère ; dans les airs, au coquant et au coq-héron ; dans les marais, il prête son nom à la gélinotte, ou **coq-des-marais** ; en Méditerranée frétillent sous l'eau les **coqs-des-mers**, les dorades ou les **alcyons**. Franchissant l'Atlantique, au Mexique, le don Juan à plumes a laissé des **coqualins**, de mignons écureuils.

Quand il s'en prend au dictionnaire, le coq engendre des mots rares et savoureux. Sur le clocher de l'église, il fait la girouette et s'appelle un **cochelet**. Dans les jardins, la **menthe de coq** dégage une senteur enivrante, à la différence des **coquemelles**, ou lépiotes pudiques, qui ne sentent pas très bon même pour des champignons. Entre les mains d'une blanchisseuse, le coq est l'ancêtre du fer à repasser.

Dans l'art minutieux des horlogers, le coq enjolive le balancier et orne le gousset des élégants. Parmi eux, les **cocodès**, aussi appelés **copurchics** et **coqueplumets**, sont la variante gauloise du dandy avant que l'anglomania ne s'empare de la France. Pavanant leur plumage et lissant les plumes de leurs coqueluchons, les coquets sont d'abord des messieurs : la coquetterie n'étant l'apanage d'aucun des deux sexes, ils sont vite rejoints par des dames qui, n'ayant pas toujours les moyens de s'acheter elles-mêmes leurs atours, sont appelées des cocottes.

Moins élégants, les **coquelets** organisent des combats de coqs. Dans l'assistance, les esprits s'échauffent mais seuls les **coquelineux** deviennent rouges comme des coqs. Les **coquebins**, jeunes et niais, se laissent plumer avec le sourire. Parfois la bagarre éclate : les plus chanceux s'en tirent avec un cocard (ou coquard), un œil au beurre noir, gonflé comme un œuf, à ne pas confondre avec le coquard (ou cocard) qui a perdu un testicule mais reste un poulet. Les malheureux deviennent **coco-bel-œil**, la version sexy du borgne. Certains errent lamentablement et, pauvres **coquefredouilles**, sont contraints de mendier auprès des coqs en pâte dont il se dit au village que certains votent coco.

Donnons du panache à notre quotidien : mettez des plumes à un stagiaire, il fera un excellent coquebin, en plus d'autres basses tâches. Troquons le métro-sexuel, trop parisien, trop restrictif, pour le cocodès. Depuis quelques années, on voit des jeunes gens se laisser pousser des barbes de grands-pères. Tout occupés à l'entretien de leur barbillon, ils n'ont pas encore choisi de nom, celui de coqueplumet leur va comme un gant. Laissons-les lisser leurs plumages et être les phénix des hôtes de nos bois citadins : il ne faudrait pas que quelques insectes s'accrochent à leur barbe.

Étonnants insectes

Bombiller, hubert, becmare, gribouri, pyrale, coconner, lucane, lucifère, hémiptère, diablotin de Provence, empuse, brucolaque

Un soir, tard, dans une rue piétonne, un lexicographe en herbe n'en pouvait plus d'entendre **bombiller** comme des abeilles ses bourdonnants voisins. Il commanda un Uber et s'empressa, une fois rentré, de vérifier s'il avait commis une entorse à la langue en plus d'une entorse au droit du travail. Il fut en partie rassuré. Ubériser est toléré dans certains dictionnaires depuis mai 2016[1]. Comme il ne trouvait pas le sommeil, il fut heureux d'apprendre que quelques synonymes pouvaient être réveillés.

1. Le Petit Robert définit le verbe « ubériser »comme suit : « Déstabiliser et transformer avec un modèle économique innovant tirant parti des nouvelles technologies. » Si la longueur de la définition montre que le terme manquait, beaucoup hurlent au néologisme, à l'anglicisme, à l'esclavagisme, avant d'y faire appel, dans la rue et dans la langue. Pourtant, le mot et l'idée sont loin d'en être à leur première édition.

Uber n'est pas une nouveauté. Fiacres, biges, quadriges, coches, toutes les hippomobiles de naguère et les chaises à porteurs de jadis, n'étant pas dotés de compteur horokilométrique, étaient rétribués à la course, que ce soit en louis, en sesterces, en pistoles, en sourires ou en coups de pied. De là le taximètre qui a donné, par apocope, taxi (hep !). Quand Uber arrive d'Amérique, le taximètre a des siècles de vol au compteur. Il vient lui aussi d'un empire, le Saint-Empire romain germanique, lorsque Charles Quint a confié l'organisation des relais de poste à Jean-Baptiste de Taxis.

Uber a, au dictionnaire, un autre ancêtre beaucoup plus étonnant, **hubert**. Avec une *h* et un rostre au bout du nez, hubert nous ramène plusieurs siècles en arrière, mais il fait tout autant l'objet de polémiques et d'inquiétudes. Hubert, dans une France majoritairement rurale jusqu'à la Seconde Guerre mondiale, préfère sillonner la campagne. Découvrons la nature grâce aux feuilles des dictionnaires. Suivant les régions, Hubert est connu aussi sous le nom de « bêche », « **becmare** » ou, au féminin, « lisette ». Hubert est un coléoptère, plus précisément un majestueux charançon de sept millimètres. À son fin nez et à son goût immodéré pour la vigne, son blase savant de *Rhynchites bacchus*. L'alcoolisme du charançon ne serait guère un problème s'il était sans descendance. Hubert, dans l'ivresse du moment et dans la chaleur du premier été, copule si bien que quinze jours plus tard ses larves pullulent : plus grandes que leur paternel et plus affamées, elles dévorent les feuilles de vignes et vont dormir dans leurs ceps, qu'elles dévastent.

Hubert est délétère, mais ce n'est rien en comparaison de son compagnon de boisson, le **gribouri** : surnommé aussi « pique-brocs », « vendangeur », « coupe-bourgeon » ou encore « écrivain » à cause des traces semblables à des lettres qu'il laisse sur les feuilles, lui qui s'attaque sans merci à tout le végétal. Il ronge les feuilles, pond dans les bourgeons, si bien qu'à la place de beaux raisins mûrs sortent des légions de larves. Si elle en réchappe, la vigne aura affaire à la petite **pyrale** ou tordeuse printanière, une chenille qui ne cesse de **coconner** que pour dévorer les bourgeons. Chez elle, tout est nocif, même le cocon qui étrangle feuilles et grappes. La vigne qui en réchappe est mutilée, racornie, chétive et misérable, transformée en steppe stérile qui donnerait envie de noyer son chagrin dans le vin, s'il restait de quoi tirer un broc de piquette.

Le vigneron désespéré peut appeler un prêtre pour qu'il excommunie la bête : ils finiront ensemble le vin de messe. Parfois, un miracle se produit. Le **lucane**, appelé aussi cerf-volant, est accusé d'incendier les chaumières médiévales en portant des braises entre ses mandibules. Il est par nature **lucifère**, c'est-à-dire étymologiquement porteur de lumière. Il est pourtant sauvé des supplices infernaux parce qu'il semble porter une croix entre ses cornes. L'insecte est alors dédié à saint Hubert, gendre de Dagobert et patron des chasseurs.

Hubert n'est pas toujours un saint, mais son cousin d'Amérique est encore plus dangereux : le *Phylloxera vastatrix* se nourrit de la sève de la vigne et l'assèche en un rien de temps. Sus aux feuilles de vigne ! Ce vampire végétarien sévit dans tout le pays.

Comme Uber, il vient des États-Unis et il a bouleversé l'économie. Ce Nosferatu vert est un tout petit puceron, identifié d'abord à la fin du dix-neuvième siècle dans le Midi de la France par Planchon, un savant de Montpellier.

Parce que ses ailes ne sont qu'à demi protégées, il est appelé **hémiptère**. Pourtant, il ne fait pas les choses à moitié : en une cinquantaine d'années, tout le patrimoine viticole, à de rares exceptions, est réduit à néant. Dans le Gard et le Languedoc, les raisins de la colère s'accumulent : après le phylloxéra vient la peste du mildiou, puis la surproduction. La coopérative des vignerons libres est bien organisée. Levant leur verre à la santé de Jean Jaurès, ils proclament leur devise « Tous pour chacun, chacun pour tous », et sonnent *Le Tocsin*, journal viticole. Clemenceau envoie l'armée en 1907. Celle-ci s'avère moins efficace qu'un bataillon de larves de phylloxéra. Bons petits soldats, capables de se multiplier par parthénogenèse, les insectes dévastent tout sur leur passage, à la différence des jeunes mirliflores de la République dont certains préfèrent trinquer avec l'ennemi, surtout lorsqu'il est producteur de vin.

Quoique disciplinées et affamées, les larves sont littéralement des démons : vilains génies de l'Antiquité romaine, les larves sont les fantômes qui se cachent sous les lits pour effrayer les jeunes enfants ou les vieux amants. De même que les spectres disparaissent avec le jour, les larves disparaissent pour se transformer en adultes, d'où les deux sens du mot « larve » en français.

L'analogie vient peut-être aussi de ce que, même lorsqu'elles se transforment en jolies bestioles, elles sont souvent laides à faire peur, à part aux entomologistes. Dans l'Antiquité, elles passaient pour être les âmes des méchants qui prennent des formes hideuses afin de venir tourmenter les vivants. De leurs anciennes enveloppes, elles gardent aussi les mœurs : cannibalisme, parricide, matricide, inceste, pas un crime, pas un vice ne manque au royaume des insectes.

Parmi eux, le diable ou **diablotin de Provence** fait figure d'exception : malgré son nom, malgré son espèce – il fait partie des mantes religieuses –, le petit de l'**empuse** mène une existence paisible et fait la joie de ses géniteurs en ne les dévorant pas. Les bons petits diables sont des fils à maman. Les citadins en manque de verdure découvrent la nature grâce aux planches illustrées de certains dictionnaires. Avec son visage de monstre de science-fiction, l'empuse a de quoi fasciner ou donner des cauchemars. Regard impénétrable et pénétrant, long corps androgyne – ces insectes sont à la fois mâles et femelles –, l'empuse est une vamp qui charme en un battement d'ailes tous les naturalistes, les naturistes et tous les admirateurs de Dame Nature.

Si les larves sont nées de la mythologie romaine, l'empuse vient de Grèce, de la déesse Hécate qui envoyait sa suivante Empousa faire peur aux hommes, à midi, l'heure du fantôme antique (car il n'y a pas d'ombre). Elle devient ainsi le démon de midi, que redoute Pierre Le Loyer dès 1605 dans les *Discours et histoires des spectres, visions et apparitions des esprits, anges, démons et ames, se monstrans visibles aux hommes* :

Le Démon de Midy se monstrant en forme de femme se nommoit Empuse. C'estoit un Démon que le Scholiaste d'Aristophane descrit auoir esté enuoyé d'Hecate, & qui n'apparoissoit qu'aux misérables & désespérez sur l'heure de midy.

Ce démon de midi ou de minuit ne s'attaque pas qu'aux messieurs. Dans *Avatar* de Théophile Gautier, en 1856, la belle comtesse Prascovie Labinska est victime de « cette larve menteuse, ce **brucolaque**, cette empouse (*sic*), ce hideux fils de la nuit et de l'enfer » qui se fait passer pour son mari. La bestiole donne aussi son nom à un navire, *L'Empusa*, qui conduit en silence le comte Orlok jusqu'à sa belle dans le film *Nosferatu* de Murnau en 1922.

L'empuse a connu une autre métamorphose au siècle des Lumières. Les philosophes, les esprits forts, ne croient pas aux fantômes, si bien que l'empuse en vient à désigner une idée fausse, farfelue ou chimérique, quoique assez séduisante. Avant qu'Uber n'envahisse l'Europe, il n'était qu'une empuse, un modèle économique tellement innovant qu'il semblait chimérique.

De sigle en apocope, de la ville à la campagne, du mythe à la philosophie, des fléaux bien réels aux vampires, le destin lexical des huberts et des empuses nous fait voyager dans l'histoire, pleine de doutes, de l'esprit humain et de la langue française : hep taxidermiste !

À l'eau

Halieutique, pélagique, labre, turlutte, engamer, pucelle, drache, moulon, scombre, interlope, courir au marigot, poisson-moine, poisson-évêque, poisson sultan, poisson juif, zygène-marteau, athérine, ptérois, marmou, poisson-hérisson, gastrotriche, régalec, grandgousier... et une rondelle de citron

Les fonds marins recèlent des trésors, des trésors de mots. Plongeons vingt mille lieues sous les mers dans les pages des dictionnaires réservés à l'**halieutique**, le vocabulaire maritime. Dans l'étendue **pélagique** qui désigne la haute mer, la société secrète des poissons reflète la nôtre, la parole en moins mais l'imaginaire en plus. Savants et mariniers leur donnent des visages humains et des noms qui les évoquent. Les **labres**, vieux ou coquets, se caractérisent par des lèvres volumineuses. Non loin, des morues menues forment le fretin. Si elles s'approchent trop près des côtes et se laissent attirer par la **turlutte**, cela veut dire qu'elles ont mordu à l'hameçon rouge que tendent les pêcheurs. On peut dire aussi **engamer** : jeunes **pucelles**, ne vous laissez pas engamer par les paroles doucereuses d'un joli cœur au thorax de nageur !

Dans la mer, les pucelles sont des poissons perdus, une espèce de morues. Les plus vilaines, celles qui n'ont pas été triées et constituent le fretin de rebut, termineront en **drache**, en huile, dans la bouche des petits polissons, pour qu'ils deviennent grands. Seules les plus belles servent au grand fretin, les autres sèchent en **moulon**, en tas au soleil, sans regret pour les maquereaux des bas-fonds, les sombres **scombres**. Les maquereaux ont une renommée interlope alors qu'ils ont aidé beaucoup de harengs, en favorisant le rapprochement des mâles et des femelles[1]. Au-dessus du maquereau, plus crapuleux et patibulaire encore, il y a le pêcheur de maquereaux qui a ajouté l'expression **courir au marigot** : la ruse consiste à chercher un coin poissonneux, se le pêcher à tire-larigot, se le manger et n'en faire profiter personne.

Si maquereau au féminin ne se dit pas maquerelle, existe un poisson-femme, mieux un poisson-sirène, le lamantin, mammifère marin, donc doté de seins. Véritable porte-avions de la féminité, ces sirènes mesurent presque trois mètres et pèsent une demi-tonne. C'est la forme de leurs nageoires qui leur a valu leur nom, lorsque Christophe Colomb les aperçut au loin des côtes dites alors guinéennes. Ayant tendance à l'embonpoint, et se nourrissant de végétaux, les lamantins sont aussi appelés vaches et

1. Un **interlope** est un navire entré frauduleusement dans un port.

veaux des mers. Les plus gras deviennent **poissons-moines**, voire **poissons-évêques**, monstres marins imaginaires. Guillaume Rondelet dans ses *Libri de Piscibus marinis*, parus en 1554 et traduits en français en 1558, en donne une description détaillée et illustrée :

De nostre tems en Nortuege on a pris un monstre de mer, après une grande tourmente, lequel tous ceux qui le virent, incontinent lui donerent le nom de Moine. Car il avoit la face d'home, mais rustique et malgratieuse, la teste rase é lize. Sur les espaules côme un capuchon de Moine, deux longues pinnes au lieu de bras, le bout du corps finissait en une queüe large.

Rondelet n'est jamais allé en Norvège mais il tient ses informations de sources sûres et royales : le portrait qu'il reproduit dans son ouvrage lui a été donné par la « très illustre dame Marguerite de Valois, Roine de Navarre », laquelle l'avait eu d'un gentilhomme qui portait une gravure semblable à l'empereur Charles Quint, étant alors en Espagne. C'est l'homme qui a vu l'homme qui a vu le gentilhomme qui a vu le poisson-évêque. L'histoire est d'autant plus certifiée que Rondelet, qui lui-même aurait dû être moine, affirme avoir admiré le même portrait à Rome, ville ô combien ecclésiastique.

Rondelet était un grand naturaliste mais il avait tété la vérole au sein de sa nourrice et, s'il ne buvait pas, avait souvent la berlue. Le poisson défroqué rejoint l'océan des mythes marins, avec le Léviathan, le Kraken, l'Atlantide, Charybde, Scylla, les tritons, les sirènes, les hommes et les femmes palmés de toutes les obédiences. Il faut s'en faire une raison : nous ne saurons jamais si le poisson-moine doit aller à la mer en burkini, qui entre dans l'édition 2018 du *Robert* et du *Petit Larousse*.

Dans l'eau, bénite ou bénie, tout est permis, même la tolérance : le **poisson sultan** et le **poisson juif**, ou **zygène-marteau**, se retrouvent à la même table, avec un filet de citron. Quant à l'**athérine**, elle se laisse appeler prêtre sans y prêter attention et fait partie du club très sélect des poissons casher. Les anges des mers, alors même qu'ils sont des requins, ne partent pas non plus en croisade en Méditerranée contre les poissons diables, les **ptérois**. Ces derniers appartiennent au genre des rascasses venimeuses, mieux vaut ne pas les approcher de trop près. *Idem* pour le **marmou**, qui, comme toutes les méduses, provoque des brûlures. *Idem* encore pour le diodon, le **poisson-hérisson** qui se hérisse pour se protéger, et surtout pour le fugu : avec une lettre et un coup de ciseaux en moins, un poisson succulent se transforme en un poison violent qui entraîne la mort en quelques heures.

Dans l'eau, tout est possible : la raie, d'Éphèse ou d'ailleurs, se voit pousser des ailes, de même que le grondin volant, ou dactyloptère, ou galinette, ou cochon des mers. Il est nommé ainsi car il gronde comme un cochon quand on l'attrape. Inutile de lui jeter des perles, il préfère de toute façon picorer des **gastrotriches**, des petits vers, et des crabes minuscules. Pas de société unie sans histoire nationale : les marignans, en bancs de 1515, sillonnent les Antilles françaises. Au fond, dans les abysses, règne le **régalec**, le roi des harengs, tandis que les

grandgousiers ouvrent une gueule plus grande que leur corps en voyant passer les **donzelles**. Si l'Atlandide a été engloutie, la société des mers est restée le contrepoint idéal de la nôtre, où tous les rêves se réalisent et l'impossible prend forme.

Dans le poème de la mer, existent des dragons feuillus et des requins-citrons, des chimères, des gorgones, des **galathées**, des poissons-lièvres et des mouches-araignées, des poissons-boules et des poissons-carrés, des sirènes mafflues et des barracudas filiformes, des barbues sans barbe et des poissons-chats sans vibrisses, des conques de Vénus et des naturalistes inspirés qui donnent vie à leurs fantasmes.

Faune mystérieuse

Bestion, criocéphale, hippogriffe, endriague, lamie, coquecigrue, catoblépas, raminagrobis

À côté des animaux qui mènent leur vie en pleine nature, il existe des **bestions** fantastiques, qui n'habitent que dans notre imaginaire et dans les dictionnaires[1].

Certains sont composés à partir d'un élément humain, comme le célèbre centaure, moitié homme, moitié cheval, et le mythique sphinx, qui pose des devinettes. D'autres sont formés à partir d'éléments pris à plusieurs animaux. Le **criocéphale** est un monstre égyptien, une sorte de sphinx mais avec une tête de bélier. Digne des divinités égyptiennes, l'**hippogriffe** est un monstre fabuleux, moitié cheval, moitié griffon, un canasson équipé d'une

1. Juste après la définition de la bestiole, Littré nous propose celle du bestion, petite bête qui, au pluriel, désigne les représentations des animaux sur les tapisseries.

tête d'oiseau[1]. Il est inventé par Ludovico Ariosto, dit l'Arioste, poète italien du seizième siècle : dans le *Roland furieux*, un hippogriffe est très pratique pour parcourir le monde et même pour chevaucher jusqu'à la lune. Les plus valeureux pourront grimper sur un **endriague** : venu de l'espagnol *endriago*, il tient de l'hydre (*hidria*) et du dragon (*drago*) mais ne peut être chevauché que par un héros de légende.

Sans vouloir les stigmatiser, les animaux fantastiques ne sont pas les plus sympathiques. Le chien est le meilleur ami de l'homme dont le pire ennemi est la **lamie** : dans la mythologie gréco-romaine, cette déesse faite d'un buste de femme sur un corps de serpent avait la réputation de dévorer les enfants quand ils refusent d'aller se coucher. Fait-elle vraiment si peur ? Depuis les montagnes russes dans les parcs d'attractions, jusqu'aux films d'horreur dans les salles de cinéma, nous adorons être terrifiés par King Kong, Godzilla et Alien. La chair de poule est un plaisir séculaire. Dans ses *Souvenirs de théâtre, d'art et de critique*, à propos des marionnettes, Théophile Gautier rappelle qu'il est possible de trouver un peu de plaisir avec les créatures fantastiques : « On fait mention aussi, dans l'antiquité, de lamies, de larves, de monstres et autres marionnettes terribles hochant les mâchoires. »

Les animaux hors du commun parlent de nous. La **coquecigrue** est un oiseau fantastique, sans doute inventé au seizième siècle dans une intention de

1. Le griffon est une des plus belles compositions délirantes dans le monde des animaux fantastiques : un corps de lion avec des ailes et une tête d'aigle, des oreilles de cheval et une crête de nageoire de poisson.

dérision. Elle conserve des origines obscures. Décomposons le nom : dans « coqueci- », certains linguistes voient un peu de coq et de cigogne. D'autres savants évoquent la présence d'un coquillage de faible valeur – une coque –, ou une étymologie latine : *ciccum*, « un rien ». Le reste de la bête, « -grue », viendrait du vieux français *gruer*, « attendre » : de cette association naît un étrange oiseau dont il ne faut rien attendre. Ainsi, l'expression « à la venue des coquecigrues » signifie « jamais ». Dans *Gargantua*, Pichrochole est confronté à une sorcière qui lui annonce que son royaume lui serait rendu « à la venue des coquecigrues », autrement dit il peut attendre longtemps. Le mot a pris un sens plus large pour qualifier toutes sortes d'inepties, de balivernes, de sornettes : « inventer des coquecigrues ».

Le **catoblépas** est un autre animal ridicule au point d'en devenir fantastique. Issu du grec *katoblepein*, « regarder par-dessous », il a un long cou, exagérément fin, si bien que sa tête a tendance à traîner à terre. Le catoblépas est dès lors la métaphore animalière de la bêtise humaine. Dans *Bâtons, chiffres et lettres*, paru en 1950, Raymond Queneau évoque Flaubert quand il écrivait *Bouvard et Pécuchet* : « Au début, c'était bien une charge à fond contre la bêtise humaine qu'il voulait faire, un écorchement à vif du catoblépas. »

Terminons ce rapide tour de la ménagerie des animaux fantastiques par le plus mystérieux d'entre tous : le **raminagrobis**. Le mot est imposant. Il est présent chez Rabelais, dans *Pantagruel*, pour désigner un vieux poète, « lequel en seconde nopce espousa la grande gourre dont naquit la belle Basoche ».

Raminagrobis est resté dans les dictionnaires, non plus pour désigner un poète mais un chat, un matou, un minet capable de raminer, autrement dit de ronronner. Jacob Le Duchat, érudit du dix-huitième siècle, avance une étrange origine au raminagrobis, dans lequel se trouve « ermine » et « grobis », un personnage important en vieux français. Le raminagrobis serait « un chat qui fait le gros monsieur sous sa robe d'hermine ». Ainsi, pour fabriquer un monstre mystérieux, pas besoin d'hybrides mythologiques ou zoologiques : un simple chat suffit.

Passions divines

Sacrés dictionnaires, ils sont de chastes châsses, ces boîtes où se rangent les petits morceaux de saints. Ils conservent les reliques du vocabulaire qui décrivent les passions humaines, nos désirs, nos fantasmes, nos croyances.

Qu'il soit antique ou issu du monde chrétien, le vocabulaire des dieux baigne de son aura la longue liste des mots endormis. Pour Émile Littré, dieu est le « nom du principe, unique ou multiple, qui dans toutes les religions est placé au-dessus de la nature ». S'ensuit une liste de citations qui semble ne jamais devoir prendre fin. Pour *Le Petit Larousse*, le dieu est un « être supérieur à l'homme, chargé de certaines attributions dans l'univers » mais aussi la « chose qu'on affectionne par-dessus tout : *l'argent est son dieu* ». À travers les âges, l'argent est un dieu vénéré pour lequel ses fidèles sont prêts à toutes les audaces, même linguistiques. Quelle que soit la devise, sesterce, dollar, bitcoin, il prend le pas sur les autres déités.

En plus d'être des monuments consacrés à la mémoire des grands hommes – la république des lettres reconnaissante –, les dictionnaires sont les panthéons de tout ce que les sociétés humaines ont produit de divin : ils sont les temples d'une religion polythéiste et polysémique, celle de la belle langue. Amen.

Le domaine des dieux

Olympionique, piperie, aphrodisme, adoniser, mentorin, nestor, silène, pampré, priape, ratiociner, le grand Pan est mort, un bœuf sur la langue, œdipe, orphéoniste, architriclin

Les dictionnaires sont des sanctuaires. Littré, Larousse et Robert sont les gardiens d'un texte pas si sacré que ça puisqu'il est sans cesse corrigé par des académiciens qui peuvent tout se permettre, même un abus de langage. S'ils sont surnommés « immortels », c'est en référence à la devise de l'Académie, « À l'immortalité ». Les seuls immortels, les vrais, les tatoués, sur leurs corps parfaits, sont les dieux de l'Antiquité. D'Aphrodite à Zeus, d'Adonis à Zéphyr, Zef pour les intimes, toute l'assemblée des dieux est réunie, en grec et en latin, avec en prime les héros et les grands noms de la mythologie. Ceux-là sont des caciques de la longévité, des caïds des dictionnaires. Vainqueurs aux J.O. des lettres, ils sont dans une forme olympique, même **olympionique** : ils adorent Nikè, la Victoire personnifiée.

Les Olympiens sont l'alpha et l'oméga de notre langue, depuis la nuit des temps, les calendes grecques et les lustres romains. Le souffle des dieux planait encore sur le silence des ô, lorsque jaillit Aphrodite. Née d'une vague dans une nudité quasi biblique, elle donne son nom à un minéral, une espèce de magnésite particulièrement dure, appelée aussi « écume des mers », avec quoi sont fabriquées des pipes très estimées. Il ne faut pas les confondre avec les **piperies**, dont Aphrodite est aussi la déesse, et qui ne sont pas de petites pipes mais d'enjôleuses tromperies. Quant aux yeux de la déesse, les yeux de l'Amour, ils sont légèrement myopes (du mot grec signifiant plisser les yeux) et n'y voient pas très bien. Telle est l'hypothèse un peu vacharde des zoologistes (du grec *zoon*, animal) qui ont baptisé aphrodites les taupes de mer[1].

Tout commence avec un grand A comme Amour, le dieu qui volette à côté d'Aphrodite. Beaucoup d'amourettes finissent avec Vénus, la déesse latine, chez le médecin : il faut traiter des maladies vénériennes. Combien d'apollons superbes, succombant à des Cypris vérolées, ont terminé en satyres repoussants à force d'avoir trop promené leur bouche sur des monts de Vénus vénéneux ? Mieux vaut y préférer des tétons de Vénus, même s'il faut bien laver ou, mieux, peler ces pêches avant de succomber au plaisir de leur chair. Il faut toujours se nettoyer avant et après un voyage pour Cythère sinon gare aux mercuriaux,

1. La taupe de mer est le requin-taupe bleu ou requin mako.

les traitements au mercure, qui font tomber les dents et provoquent des intoxications mortelles. Les plus chanceux goberont la poudre de Vulcain, le soufre des alchimistes. En matière d'**aphrodisme**, l'amour de l'amour, beaucoup de médicaments tiennent plus de la poudre de perlimpinpin des charlatans que de la panacée, le remède absolu de Panacée, la fille du grand médecin Asclépios.

Les adonis prudents aiment la sécurité. Pour en être un, il suffit d'être jeune, beau, un peu farouche, et préférer la compagnie des dames qui ont de l'expérience. Les autres hommes peuvent s'**adoniser**, c'est-à-dire se pomponner. Dans la mythologie, le jeune Adonis est convoité par Aphrodite, l'idole des couguars, qui a pourtant comme animal mythique une colombe. Avec plusieurs siècles au compteur, elle arbore fièrement poignées d'amour et colliers de Vénus, les rides qui viennent avec l'âge au cou des dames mûres.

La jeunesse a besoin de maîtres, de supermentors ou de petits, les **mentorins**. Tous les mentors ne sont pas des dieux et leurs conseils s'avèrent parfois calamiteux. Le mentor devient alors un **nestor**, un mot venu du fantastique Homère, où Nestor est le bon vieux qui donne des conseils, pas toujours avisés. Les sages passent parfois pour des radoteurs aux yeux des savants : un nestor est aussi un superbe perroquet de Nouvelle-Zélande.

Lorsqu'un barbon barbu a trop bu, il devient un **silène** pensif et pansu, un compagnon de Bacchus. Après combien de verres les naturalistes rêveurs ont-ils vu un silène dans un macaque des Indes, un papillon du Massif central et dans de jolies fleurs ?

Huysmans finit la bouteille en y plongeant tout un bouquet, dans *L'Oblat*, en 1903 :

Les silènes sauvages dont les étoiles blanches semblent écloses dans le goulot d'une bouteille d'un vert d'eau, barrée de raies plus vertes.

Pour chanter la liqueur et festoyer parmi les bacchants et les bacchantes, avec ou sans moustaches, mieux vaut être bien **pampré** car la fête se passe de vêtements, couvert d'une simple feuille de vigne. Parfois, il est sage d'être armé d'une flûte, comme Pan, dieu des bergers, qui sème la panique dans le dictionnaire. Sous le coup de l'ivresse, les lexicographes en perdent leur latin : *pan* en grec signifie « tout » et, cul sec, ils font du grand Pan l'idole du panthéisme, confondant le tout – l'ensemble des dieux – avec les parties, Pan, l'idole des bergers et des bergères.

Paniquer finit par devenir douloureux : les **priapes** hantent tous les jardins et même certaines plages[1]. Sous la forme d'estomaquants concombres des mers, ils peuvent atteindre quarante centimètres de long. Les divinités de la mythologie ont conquis toutes les pages et les champs sémantiques : en ville, ils sont les atlantes et les cariatides qui sortent des immeubles ; les traits de Jupiter soutiennent les toitures et les minerves le cou des citadins stressés. À la campagne, les déités païennes volettent en myriades de papillons, pas toujours très beaux, ou éclosent en

1. Les priapes font référence au dieu Priape, jardinier et obsédé sexuel. Le mot est utilisé pour désigner le membre en érection.

jolies plantes. Celles-ci se cueillent par jonchées pour former de beaux bouquets de narcisses, d'anémones et d'iris.

Les *happy few* des Latins et des Grecs ont le chic pour donner du lustre et de la patine aux situations les plus triviales. Un bon gros rhume se pare d'une toge (en guise de mouchoir) en devenant une rhino-pharyngite. Un voisin bavard qui **ratiocine** peut être insupportable[1]. Plutôt que de bougonner « tout fout le camp », claironner « **le grand Pan est mort** » est plus poétique, même si cela signifie la même chose.

L'antique est chic, l'antique est aussi pratique. Il sauve de certains désarrois linguistiques : quand un secret est trop lourd à porter, il est **un bœuf sur la langue** de celui qui sait et ne peut rien dire. L'exemple canonique, c'est l'esclave de Midas qui a vu que son souverain avait des oreilles d'âne : Julian Assange mythique, il risque la mort s'il organise une fuite de l'information. Un portier d'hôtel, un conseiller politique, un fan de série télévisée qui a un épisode d'avance, un salarié qui signe une clause de confidentialité, ont au moins un bœuf sur la langue.

Le problème est que l'immortalité ne garantit pas l'éternelle jeunesse. Beaucoup de ces expressions sont aujourd'hui vieillies. Il n'y a plus grand monde qui s'enorgueillisse d'être un **œdipe**, quelqu'un qui résout les énigmes facilement, ni un **orphéoniste**, qui chante dans une chorale. Rares sont les vieilles pythies qui ne sont pas des vieilles pies : elles savent que le très impressionnant **architriclin** est simplement chargé

1. Ratiociner, c'est faire des raisonnements qui n'en finissent pas et se perdent dans les détails.

d'organiser le repas ou que l'Aréopage était la colline d'Arès, le dieu de la guerre, et non le premier aéroport ou un remède contre l'aérophagie. Les dieux s'empoussièrent et tombent en désuétude. Celle-ci est sanctionnée par la pire des disgrâces : ils sont supprimés par l'Académie car ils ne sont plus « en usage ». Un coquet narcisse peut encore contempler la moire de sa chevelure dans une psyché, il ne peut déjà plus dormir dans les bras de Morphée et dans le dictionnaire. Les mots comme les dieux sont pourtant immortels : ainsi la déesse de la vengeance, Némésis. Chassée de la langue écrite dans la neuvième édition du *Dictionnaire de l'Académie française*, elle revient dans la langue parlée : la némésis est la colère, la jalousie, la vengeance divine. Les mots ne meurent jamais, ils sont, comme Morphée, juste endormis. Ils ont accès aux songes et nous servent d'intermédiaires pour communiquer avec les esprits.

L'esprit & la lettre

Vaticinateur, nécromant, nyctalope, goétie, Érinyes, catabase, psychopompe, kère, xylomancie, lychnomancie, kyphonisme, lycanthrope, strige, willis, brucolaque, mastaba, galgal, enfeu, taricheute, méphitique, asphodèle, Maufait, vauvert et diablezot

Les morts mots rares sont bien utiles pour communiquer avec l'au-delà. Les médiums, les spirites, les devins, ou **vaticinateurs**, et tous les adolescents l'apprennent lorsqu'un soir d'été, désœuvrés, désespérés, ils invoquent les esprits et se transforment en **nécromants**. Le silence se fait, les yeux s'acclimatent aux ténèbres. Ils deviennent **nyctalopes**, capables de voir dans l'obscurité. Les doigts et les genoux se touchent, les fous rires s'évanouissent, la température soudain baisse, laissant la place aux frissons. Comme par **goétie**, la magie noire, les lettres de l'alphabet s'agitent sur le guéridon.

Rien de mieux pour communiquer avec les esprits que quelques jetons d'un jeu de Scrabble, sur lesquels se trouvent les lettres : les **Érinyes**, divinités du remords, arborent le précieux Y grec qui vaut à lui seul dix points. Sorte de fourche, le Y grec est-il un diable ou un démon ? Il est en tout cas un dieu pour les amateurs de Scrabble et les cruciverbistes : il rachète toutes les **catabases**, les descentes aux Enfers, qui ne valent que dix points. Hermès **psychopompe**, qui conduit les âmes, rencontre une simple **kère** (treize points, malheur !), le génie de la mort violente. L'idéal est d'y ajouter un **xylomancien** qui lit l'avenir dans les morceaux de bois rencontrés sur son chemin, à ne pas confondre avec la **lychnomancie**, la divination au moyen d'une lampe. Dans le même esprit (es-tu là ?), un mort par **kyphonisme**, attaché à un bout de bois, rapporte beaucoup. Avec quelques esprits grecs dans sa manche, le 666 n'est pas impensable. De tous, le plus effrayant demeure le **lycanthrope** avec ses vingt-six points rien qu'au singulier : qui n'a pas peur de l'homme-loup, surtout lorsqu'il s'appelle en plus garou ?

Inutile de pousser des cris de Mélusine, des hurlements stridents, personne ne viendra à votre secours, à part peut-être les **striges**, les ancêtres des vampires, ou le terrible croque-mitaine. Ce dernier effraie les lexicographes, qui tremblent devant son orthographe – avec ou sans tiret ? quel pluriel ? – et qui ont peur de lui trouver une étymologie. À qui appartiennent ces mitaines ? Pour certains, le mitaine est le chat du diable, pour d'autres un synonyme de gifle. Pour les plus rationnels, il s'agit des bonnes vieilles mitaines mises aux mouflets pour qu'ils n'aient pas froid aux mains.

Venues du walhalla, l'au-delà nordique (vingt points), les diaphanes **willis**, les jeunes filles mortes le jour de leur mariage (lorsqu'elles ont vu le loup) pèsent quand même quinze points. Elles demeurent un fétu de paille à côté des walkyries qui, wagnériennes ou non, pèsent trente-six points, sans leurs armes. Avec une seule lettre à dix points, le zombie ne fait pas le poids.

Le zombie est venu d'Haïti où il s'appelle Baron samedi. Il appartient au culte vaudou, à ne pas confondre avec les vaudoux, des « sorciers nègres qui sont aussi des empoisonneurs », selon Littré. Le zombie a sa version française, le **brucolaque**, ce mort vivant qui jaillit comme un diable du dictionnaire de Trévoux en 1752. Qu'ils viennent des cimetières, de la morgue, du **mastaba** (tombeau) égyptien ou du **galgal**, l'édifice funéraire des Celtes, de l'**enfeu** – l'endroit où l'on veillait le mort avant l'office funèbre –, des églises catholiques ou des cultes païens, le macchabée est précédé par son odeur : même s'il a rencontré le **taricheute**, l'embaumeur égyptien, il dégage une odeur **méphitique**[1]. La Camarde n'a pas de nez et c'est tant mieux car, si les morts ne sentent pas bon, les démons empestent encore plus : Belzébuth est, à l'origine, le dieu phénicien des mouches. L'**asphodèle**, la fleur qui pousse par champs entiers dans les Enfers, sentirait l'urine ; la mandragore, l'herbe des merlins, a une odeur pestilentielle ; Anubis, le dieu des morts égyptien, est doté d'une tête de chien ou de chacal, gage d'une haleine repoussante.

1. Méphitique aurait une origine latine et viendrait de Mefitis, une source d'eau sulfureuse.

Toutefois, celui qui sent le plus mauvais est le **Maufait**. Cette désignation du diable vient du Moyen Âge comme l'expression « aller au **diable vauvert** », de Vauvert, un château au sud de Paris, non loin de Gentilly. Un dénommé Sainte-Foix rapporte en 1698 l'anecdote suivante dans des *Essais sur Paris* : au treizième siècle, le roi Louis IX (le futur Saint Louis) avait donné à des moines chartreux une jolie bicoque avec des vignes, des jardins et tout le confort moderne. Depuis leurs cellules, les moines guignent le palais de Vauvert (que Sainte-Foix place dans le prolongement de la rue d'Enfer, la grande banlieue pour l'époque). Ils veulent en faire un lieu paisible :

*un monastère commode et agréable par la proximité de Paris. Le hasard voulut que des esprits ou revenants s'avisèrent de s'emparer de ce vieux château. On y entendait des hurlements affreux. On y voyait des spectres traînant des chaînes et entre autres un monstre vert avec une grande barbe blanche, moitié homme et moitié serpent, armé d'une grosse massue, et qui semblait toujours prêt à s'élancer la nuit sur les passants. Que faire d'un pareil château ? Les chartreux le demandèrent à saint Louis ; il le leur donna avec toutes ses appartenances et dépendances ; et les revenants n'y revinrent plus. Le nom d'*Enfer *resta seulement à la rue, en mémoire de tout le tapage que les diables y avaient fait.*

Le diable est dans les détails : Littré, qui déteste par-dessus tout la superstition, rapporte l'anecdote en ajoutant que ce sont les moines qui ont organisé les apparitions pour obtenir le château plus facilement.

Depuis, cette version est reprise dans les autres dictionnaires, dont le *TLFi* ou *Le Robert* : « Allusion au château de Vauvert qui passait pour être hanté par le diable. »

Mieux vaut donc ne pas aller au diable vauvert, ni même au **diablezot**, car nous risquons de faire de mauvaises rencontres et de nous perdre[1]. Ces zones sont effectivement diaboliques et les panneaux « toute directions » mènent en enfer.

Impardonnables, les esprits poussiéreux quittent l'ombre des dictionnaires pour nous faire damner. Lorsque le jour se lève, ils reprennent sagement leur place dans notre imaginaire, voire nous viennent en aide au quotidien : pour déménager les cartons et les caisses, lorsque les amis ont tous des excuses angéliques, mieux vaut avoir un diable à sa porte. Pour ôter les agrafes acérées des liasses de papier sans l'abîmer, plutôt que de s'énerver, il suffit d'inviter un gentil vampire (en vente pour quelques euros dans toutes les bonnes papeteries) à sa table de travail. Le diable et les vampires ne sont pas à craindre. Ils représentent peu de chose dans les passions divines qui marquent notre langue et plus encore dans nos jurons et nos insultes, crénom de nom !

1. Selon Littré, diablezot est une exclamation signifiant « vous ne m'y prendrez pas ». Furetière précise que « zot » est la particule de mépris devenue « zut ».

L'habit ne fait pas le moine, crénom de nom !

Cuculle, guimpe, douillette, froc, haire, discipline, mordache, saint-crépin, sainte-barbe, dauber, maraud, puterelle, coureuse de rempart, hétaire, fesse-manant, jean-fesse, bachi-bouzouk, vertubleu, corbleu, scrogneugneu, rrognntudjuu, ventre-saint-gris, mahom, tétiguienne, moguienne, parguenne, jerniguienne

L'habit fait le moine : lorsqu'un chartreux se trompe de **cuculle**, le capuchon de moine, il devient un capucin ou un bernardin. Parfois, les moines changent d'ordre, ce qui fait désordre. Quand il est un peu pervers, l'un de ces petits moinillons enfile la **guimpe** et la cornette d'une de ses consœurs[1]. Le voici travesti, pour une soirée douillette sans crainte d'être défroqué. La **douillette** couvre les religieux

1. La guimpe est la « toile dont les religieuses se couvrent la gorge », nous explique Littré, quand elles se mettent la cornette sur la tête.

frileux ; quant au **froc**, il se porte d'abord sur le haut du corps avant de devenir, par métonymie et anticléricalisme, le symbole de toute la frocaille depuis le bas clergé jusqu'au Saint-Siège. Les religieux qui quittent leur froc, parfois sous la contrainte, parfois parce qu'ils ont perdu la foi, deviennent des défroqués. Ils sont chassés des ordres à coups de mules du pape, qui ont été rouges jusqu'au pape François. S'ils souhaitent pimenter la soirée, redoutant l'ire papale, ou n'aimant rien tant que la contrition et le repentir, ils glissent sous leur vêtement une chemise en poil de chèvre qui gratte, la **haire** : « Laurent, serrez ma haire avec ma discipline », demande Tartuffe à son valet, lorsqu'il entre en scène chez Molière. La haire, comme la **discipline**, sont des instruments de torture pour laïcs[1]. Seuls les moines novices ont droit à la **mordache**, un mors qui se coince entre les dents.

Pour être canonisé, il faut avoir mené une vie de saint. Pour être sanctuarisé au dictionnaire, il faut, en plus des miracles et des martyres, être à même de se reproduire, de croître et de multiplier. Il ne faut plus être seulement un homme, mais une essence et avoir des adorateurs. Il n'est pas inutile d'être le saint patron de clients influents. La ligue des cordonniers, protégée par Crispinus, fait l'apologie du saint-crépin, l'attirail et les outils de ceux qui réparent les chaussures. Les feux Saint-Elme, farfadets aquatiques, éclairent les marins en déposant des lumières au haut de leurs mâts. Ces derniers ne connaîtront pas le salut : faute de recevoir le saint sacrement au jour du Jugement dernier, ils iront en

1. La discipline est un petit fouet bien pratique pour faire pénitence.

Enfer ou mourront dans leur lit. Sur les flots, les matelots prudents mettent toutes les chances de leur côté : leur nef s'équipe de prie-Dieu, avec la **sainte-barbe** pour entasser l'artillerie et la poudre.

De la sainte-barbe aux saint-simoniens, de la coquille Saint-Jacques à la danse de Saint-Guy, sans oublier les saints-bernards et les saintbernards, les saints provoquent des schismes grammaticaux : le tiret et le pluriel, voilà le *filioque* des linguistes[1]. Entre les lexicographes, les dogmes varient, les écoles diffèrent, les dictionnaires volent et les insultes fusent. Pas de pitié, pas de quartier, pas de mansuétude, aucune indulgence : la seule faute qui ne se pardonne jamais, c'est la faute d'orthographe. Crénom !

Les dictionnaires dévoilent une autre de nos passions divines : les gros mots qui, chose étonnante, ont bien souvent rapport avec le religieux. Attention, l'insulte et le juron sont deux choses différentes : morbleu, ne confondons pas tout ! Une insulte est une parole, et parfois une action, qui a pour but de blesser l'honneur de son destinataire. Le juron, lui, est une exclamation, une interjection qui exprime la surprise ou la colère mais surtout qui contient un peu de divin.

De nos jours, les insultes manquent souvent de fantaisie : enfoiré, salope, connard, abruti... Elles sont usées au point d'avoir besoin d'être qualifiées de « sale » pour prendre un peu d'ampleur : sale pute, sale con... Afin d'enrichir le vocabulaire de

1. Le *filioque* est une querelle théologique qui a opposé les Églises romaine et grecque dès le huitième siècle et qui a conduit au schisme de 1253.

l'irrespect et du mépris, puisons avec allégresse dans la langue française, riche d'insultes endormies qui ne demandent qu'à être réveillées pour **dauber** : non pas préparer une bonne daube provençale mais bien proférer de mauvaises paroles.

Il y a les classiques, un peu désuets : coquin ou coquine, bâtard ou blaireau... D'autres ont des origines étonnantes. Le **maraud** est un félin : dans le centre et l'ouest de la France, c'est ainsi qu'était appelé un gentil matou, surtout s'il se promène seul, comme un vagabond. De l'animal le nom est passé à l'homme pour désigner une personne de basse condition, autrement dit qui vagabonde, qui maraude.

Une constante de l'insulte tient à la profession considérée honteuse, mais « pute » et « putain » ont connu de plus belles déclinaisons. Nicolas de Troyas, auteur du *Grand Parangon* en 1535, se fait chef de gare averti dans un poème, « Le Train d'une putain » :

À dix ans pucelle,
À quinze ans putrelle,
À vingt ans putain parfaite,
À vingt-cinq ans putain infecte,
À trente ans putain rusée,
À trente-cinq ans putain usée,
À quarante ans chamberière prestresse,
À quarante-cinq ans putain maquerelle,
À cinquante ans hostesse bordelière,
À cinquante-cinq ans putain houillère,
À soixante ans querent son pain,
Voilà la fin d'une putain.

Putrelle, ou **puterelle**, est une variation de pute, mais il y a plus imagé comme insulte : **coureuse de rempart**. Selon Furetière, dans son *Dictionnaire*, « on appelle proverbialement une coureuse de rempart, une femme qui est dans la dernière prostitution ». Qui peut tenir la première place ? Serait-ce une **hétaire**, femme vénale et souvent courtisane, qui prend sous le Second Empire le beau nom de « belle horizontale » ? Qu'elle soit première ou dernière, dans l'insulte, il est souvent question de fesse : **fesse-manant** ou **jean-fesse** désignent des personnes pas très futées.

N'importe quel mot peut servir d'insulte, il suffit de le projeter avec intention, d'utiliser le bon ton. L'art de l'insulte ne nécessite pas d'utiliser un vocabulaire *ad hoc*, adapté à un usage précis. C'est ce que fait le capitaine Haddock quand il mobilise ses célèbres **bachi-bouzouks**, de fiers soldats de l'armée ottomane, ou ses tonnerres de Brest. La langue française est remplie d'insultes par destination : ectoplasme, marin d'eau douce, hérétique, escogriffe… et pourquoi pas tourniquet, candélabre, protozoaire !

À la différence de l'insulte, toujours très terre à terre, le juron regarde vers le ciel. Le plus célèbre d'entre tous est simplement : Dieu ! Le juron touche au blasphème jusque dans ses formes : **tudieu**, nom de Dieu, foutre Dieu ou bordel de Dieu. Faut-il y voir un héritage antique ? Dans *Gorgias*, le dialogue écrit par Platon au cinquième siècle avant notre ère, Socrate utilise sans cesse le juron « par le chien ». Le divin aurait-il laissé place au canin ? Pas du tout, car Socrate précise : « Par le chien, dieu des Égyptiens ». Il s'agit d'Anubis.

Le juron sous forme de blasphème a traversé les siècles, mais le regard sévère de monsieur le curé, ou pire de l'inquisiteur, a conduit les jureurs à adapter leur vocabulaire : cachez ce Dieu que je ne saurais voir. C'est ainsi qu'est né le classique « morbleu », une déformation de « mort-Dieu ». Il en va de même pour **vertubleu**, qui est la contraction colérique de « par la vertu de Dieu », et pour **corbleu**, qui évoque le corps de la divinité. Le sacré contenu dans le juron est parfois difficile à identifier. C'est le cas avec **scrogneugneu**, autrement dit « sacré nom de Dieu », qui résonne jusque dans les bureaux de Gaston Lagaffe où retentissent de terribles **rrognntudjuu** !

Pour faire un bon juron, mieux vaut parfois s'adresser aux saints qu'à leur Dieu : par saint Jean ! par saint Guenet ! ventre saint Guenet ! Quant au **ventre-saint-gris**, il relève sans doute d'un tour de passe-passe. L'improbable saint Gris a été placé dans le juron pour éviter de dire « ventredieu », mais il n'est qu'un prétexte : derrière ce saint Gris se cache probablement le Saint Esprit. Il faut relever le cas particulier de **mahom** qui se décline avec « ventre-mahom ». Ce juron se retrouve chez Honoré de Balzac, en 1822, dans *Clotilde de Lusignan, ou Le beau juif* : « Par mahom ! je te cède le pas pour aller en enfer. » Le mahom en question est Mahomet, le prophète de l'Islam.

À la recherche de jurons originaux, les colériques ont tout intérêt à relire Molière : puisqu'il représente ses œuvres devant le roi et sa cour, il ne peut pas utiliser de jurons blasphématoires, alors il ruse. Molière mobilise ceux qui existent, déjà dissimulés, mais aussi d'autres, venus d'on ne sait où :

« **Tétiguienne** ! » « **Moguienne** ! » dit Lubin dans *George Dandin* ; « **Parguenne** ! » « **Jerniguienne** ! » jure Pierrot dans *Don Juan*.

Le juron conserve un air désuet. Il a la faculté de nous plonger quelques siècles en arrière en une simple exclamation. Voilà ce qu'a bien compris Victor Hugo qui, dans *Notre-Dame de Paris*, fait dire au beau Phoebus, séduisant capitaine de la garde volage : « Sang-Dieu ! ventredieu ! bédieu ! corps de Dieu ! nombril de Belzébuth ! nom d'un pape ! corne et tonnerre ! »

Faisons fi du blasphème : ces jurons ont plus de gueule que notre modeste « merde ! » qui est tout juste bon à renforcer l'intensité d'un autre juron, comme le fait Marcel Aymé dans *La Jument verte* : « Nom de Dieu, de nom de Dieu, de bordel de merde ! »

De la dévotion aux jurons, Dieu est omniprésent dans les dictionnaires, tout du moins il l'était : nombreux sont les mots de nos passions divines qui se trouvent endormis. En revanche, une vieille divinité païenne ressurgit : l'argent, au vocabulaire sonnant et trébuchant.

La parole est d'or & le mot est d'argent

Thune, maravédis, matabiche, convoiteux, concupiscible, quibus, pleure-pain, frusquin et saint-frusquin, esquipot

Omniprésent et omniscient, le dieu argent est vénéré comme une idole païenne : « Le veau d'or est toujours debout », se plaint Moïse quand il brise les Tables de la Loi. En grandissant, le veau en question est devenu le taureau de Wall Street : il a son temple (la Bourse), ses prêtres (les banquiers et les traders) et son culte qui fait tourner nos têtes et notre monde. Ses fidèles lui donnent de nombreux noms : pèze, pognon, blé, pépettes, fric et **thune**. Issue de l'argot, la thune, ou la tune, désigne dès le dix-septième siècle l'aumône faite aux plus pauvres. Son sens quitte peu à peu le domaine de la charité : la thune devient une pièce de cinq francs, une belle monnaie bien ronde, c'est ainsi que le mot est utilisé au dix-neuvième siècle, quand un ouvrier ou un artisan honorablement payé peut gagner trois francs par jour. Le mot a ensuite pris un sens plus large pour désigner l'argent, surtout quand il ne reste plus une thune en poche. L'origine du terme est contestée. Les plus savants y voient un ancêtre latin, *tutari*, qui signifie « protéger » : la notion d'aumône est bien présente. D'autres avancent une hypothèse plus amusante. La thune serait un rappel au roi de Thunes, autrement dit le roi de Tunis. Il n'est pas besoin de traverser la Méditerranée pour rencontrer ce souverain : il est le chef des gueux, des mendiants, de ceux qui peuplent la cour des Miracles où l'argent est un dieu adoré.

À défaut de thune, il est possible de se munir de **maravédis** : il servit un temps de petite monnaie, en Espagne, avec si peu de valeur qu'il a conservé ce sens. Seuls les naïfs peuvent penser qu'il est possible de parcourir l'Espagne sans un minimum d'argent. Chez Voltaire, Candide s'en inquiète :

Il ne vous reste donc rien du tout, ma belle Cunégonde ? Pas un maravédis, dit-elle. Quel parti prendre ? dit Candide. Vendons un des chevaux, dit la vieille ; je monterai en croupe derrière mademoiselle, quoique je ne puisse me tenir que sur une fesse, et nous arriverons à Cadix.

Le maravédis a été oublié au fond du porte-monnaie. Dans les expressions, il a été remplacé par une autre petite monnaie espagnole, la peseta, ou mieux encore par une russe, le kopek.

Divinité universelle, l'argent n'a pas de frontière. Il traverse les pays, les civilisations et les langues.

Le dessous-de-table est bien français mais le bakchich est passé par la Turquie après être venu de la Perse. Le **matabiche** a lui aussi fait un très long voyage. Il apparaît au Portugal, au moment de trinquer avec un alcool fort : la démarche est salutaire car, selon l'expression populaire, boire cul sec un verre de tord-boyaux permet de « tuer le ver », horrible parasite intestinal, autrement dit, en portugais, *matar o bico*, « tuer la bête ». De là est né *matabico* qui désigne une gorgée d'alcool. Les Portugais se sont installés en Angola, en Afrique, avec leur boisson et leur vocabulaire. *Matabico* est passé dans la langue bantoue pour désigner le pourboire, tout cela est très logique. Il a ensuite migré vers le Congo belge, un pays voisin, où il a conservé son sens mais a été adapté en matabiche, l'équivalent de bakchich. Dans *Voyage au Congo* en 1927, André Gide sort la monnaie :

Le vieux, que nous avons emmené de force comme pilote, ne s'attendait évidemment à rien recevoir, car, lorsque je lui glisse un matabiche dans la main, son visage, renfrogné jusqu'alors, se détend. Je le plaisante sur son air maussade : il se met à rire, prend une de mes mains dans les deux siennes et la presse à maintes reprises avec une effusion émouvante. Quels braves gens ! Comme on les conquerrait vite ! et quel art diabolique, quelle persévérance dans l'incompréhension, quelle politique de haine et de mauvais vouloir il a fallu pour obtenir de quoi justifier les brutalités, les exactions et les sévices.

Afin de s'enrichir toujours plus, des massacres ont été commis au Congo belge et ils ont provoqué l'indignation internationale. Comme dans toute religion, le culte de l'argent produit de beaux bigots. Ce sont les radins, les **convoiteux**, les happe-chair. Ils font preuve d'un insatiable appétit **concupiscible**, un désir de posséder qui a la même racine que concupiscence, du latin tardif et chrétien *concupiscentia*, lui-même issu du latin classique *concupiscere*, « désirer avec ardeur ». Les latinistes pudiques préfèrent parler de ***quibus***, mot à mot « ce avec quoi », ce avec quoi ils achètent de nouveaux dictionnaires.

Les radins sont des **pleure-pain**, des avares qui se plaignent toujours. En 1851, dans ses *Gaietés champêtres*, Jules Janin s'en amuse :

Recevoir en vrai pleure-pain Eugène et Louison, leur vendre à beaux deniers les heures de l'horloge, et leur faire acheter le soleil au mois d'août ! Non, non, plutôt s'enfuir, que d'avouer cette chicheté, cette misère.

Les avares craignent de perdre leur **frusquin**, à savoir leurs biens et leur argent. Le frusquin désigne à l'origine des habits, que l'on peut sans doute associer à des frusques, pour ensuite s'étendre à tout ce que l'on possède. Le mot est resté dans sa tournure canonisée qu'il prend au dix-septième siècle : le **saint-frusquin**. Dans *Les Parents pauvres*, paru en 1847, Honoré de Balzac nous rappelle son importance : « Vous ignorez l'amour de tous les citoyens pour leur Saint-Frusquin ? »

Pour ranger leurs piécettes et leur menue monnaie, les moins fortunés peuvent utiliser un **esquipot**, une tirelire en terre cuite, qu'elle ait ou non la forme d'un cochon. Émile Littré donne avec bonhomie l'étymologie de ce mot : « Le mot pot, ce semble, combiné avec un préfixe obscur. » L'argent est un bien sombre dieu...

En guise de conclusion, deux petites choses

Sur une île déserte, le naufragé aurait tout intérêt à emporter un dictionnaire. Il pourrait ainsi identifier tout ce qu'il découvre, la faune, la flore, et se rappeler tout ce qui ne l'entoure plus. Il verrait ce qui lui était familier devenir rare et des mots qu'il n'avait jamais entendus devenir indispensables. Il regretterait peut-être de ne pas avoir de robinson, qui est un parapluie, mais serait content d'apprendre que la bryone, ou navet du diable, est particulièrement toxique. Avec un dictionnaire, il aurait aussi un puzzle géant de la littérature classique. Muni de la plus grande anthologie en kit, il pourrait reconstituer une bonne partie des correspondances de Madame de Sévigné et de Voltaire. Il serait incollable sur La Fontaine et sur Molière et pourrait réciter des fabliaux du Moyen Âge comme des chansons de la Belle Époque.

Des continents d'étymologies et des océans de métiers disparus ne demandent qu'à être redécouverts : les îles mystérieuses des locutions, l'étonnante carrière politique du volapük (langue universelle supplantée par l'esperanto) et des zutistes (partisans du « zut »), les tapageurs mornifles (une claque) et le brin d'estoc (bâton qui servait d'arme), le léger frifilis (un équivalent de froufrou) et le doux chuchillement (synonyme de chuchotement), l'ytterbite (une pierre), le wacapou (un bois de Guyane) et le zythogale (mélange de lait et de bière). Tous méritent d'être réveillés : les énormes mots savants, les minimots des sons, les mots martiens des planètes et des astres, les mots marrants des marins, les mots effrayants des médecins. Tous nous rappellent que face à notre langue maternelle (qui nous ennuie et qui nous gronde souvent, mais que nous aimons toujours, c'est comme ça) nous restons des enfants, ou pour le dire plus simplement des crapoussins et des niguedouilles.

L'histoire des mots rares est une histoire sans fin, alors, voici deux petites choses pour terminer...

Un brimborion…

Le brimborion est petit et mignon. Il s'examine au microscope ou du moins à la loupe. Il nous fait pénétrer dans le monde du minuscule, du dérisoire, du gluon.

Désignant un objet de faible dimension, il est « une chose de néant, ou de peu de valeur », selon la jolie définition de la quatrième édition du *Dictionnaire de l'Académie française* en 1762. Il est l'ovni miniature qui s'échappe d'un vieux manuscrit et ouvre le *Voyage au centre de la Terre* de Jules Verne. Entre les doigts minutieux du savant, le papyrus poussiéreux contient la clef du monde souterrain. Fragile et léger, il nécessite beaucoup de précaution : déjà qu'il n'est pas grand-chose, un souffle suffirait à ce qu'il se désagrège, un éternuement le rendrait au néant. Se caractérisant par son peu de prix, il en devient pourtant inestimable. Il n'a pas de valeur matérielle, il a la valeur que lui confère celui qui l'observe, sentimentale ou intellectuelle. Il appartient au spirituel. Son origine en témoigne : brimborion vient de *breviarum*, le bréviaire, le livre contenant les prières journalières, celles qui servent à tous les petits riens pour lesquels les croyants invoquent le Très-Haut. À ce compte-là, il est plus précieux que les diamants, les topazes et tous les trésors que recèlent les souterrains infernaux dans lesquels s'aventurent le professeur Lidenbrock et son jeune neveu Axel dans le roman de Jules Verne. Modeste, le divin brimborion détient à la fois les clefs de la Terre et celles du Paradis.

Il n'a pas toujours de mission aussi céleste et il revient parfois ici-bas, négligemment posé sur une table de toilette ou une coiffeuse. Futile, il désigne la babiole frivole conservée en raison de son encombrement dérisoire, par la force des choses, parce que son propriétaire l'a oubliée et a fini par s'y attacher. Un élastique à cheveux, un briquet, un échantillon de crème, un vieux chargeur de téléphone portable gardé « au cas où » sont les brimborions de la femme moderne. À ses yeux, ces miniatures sont précieuses, pour les autres elles sont risibles. Molière s'en moque, dans *Les Précieuses ridicules*, par la bouche de Gorgibus, le bon bourgeois. Gorgibus est un père aimant, mais aussi un maroufle[1] : il râle après ses filles – au dix-septième siècle on dirait plutôt « il peste » –, ces pendardes qui se sont monté la perruque comme des meringues, à coups de « blancs d'œuf, de lait virginal, et mille autres brimborions que je ne connais point ». Les brimborions ont investi le cabinet de toilette de ces précieuses et ils coûtent les yeux de la tête. Du lait de vierge, même dans les salons les plus raffinés et les boutiques les plus chic, ne se trouve

1. Voir ce mot page 57.

pas aisément : il se recueille dans une autre tirade de Molière, issue des *Femmes savantes*. Si le terme de bazar n'est pas encore entré dans le vocabulaire courant, pour Chrysale tous les outils scientifiques des femmes savantes ne sont rien d'autre que « cent brimborions dont l'aspect importune ». Il n'est pas bien honnête qu'une femme étudie et sache tant de choses : *Les Femmes savantes* manquent un peu d'humour sur elles-mêmes et, si le nombre des brimborions a été revu à la baisse, la pièce déclenche un scandale, suivi d'une querelle. Molière a eu le tort de renvoyer dos à dos les deux genres : lui veut son « rôt » et son lapin bien cuisiné, elle veut son rho et son latin bien décliné[1]. Les deux sexes se valent, et ne valent guère plus que leurs brimborions respectifs.

Tandis que les lettrés se crêpent le chignon et s'arrachent les cheveux pour savoir s'il est permis de rire en assistant à une représentation des *Femmes savantes*, le brimborion ne suspend pas son vol. En tapinois il traverse les siècles et vient s'attacher à l'élégance de la toilette et de la parure. Souvent employé comme synonyme de ruban, il est la touche finale, le supplément d'âme du bon goût. Il est le « superflu, chose très nécessaire », qui qualifie le luxe selon Voltaire, grand amateur de brimborions. Naturellement, il bourdonne aux oreilles de la reine du chic, la fine Oriane de Guermantes, chez Marcel Proust. Albertine en est jalouse et le narrateur lui-même, jaloux de sa jalouse, ne rechigne jamais à aller voir sa rivale à Saint-Germain pour lui demander où acheter ces

1. Le rho est une lettre de l'alphabet grec, qui correspond au « r » en français.

« brimborions de la parure » qui causent « de grands plaisirs » à sa *Prisonnière*. Amoureux tenace, il lui apporte des brimborions, parce que les fleurs c'est périssable.

En histoire comme en amour, il suffirait de presque rien. Un brimborion a plusieurs fois dérouté le cours du destin. Le battement d'ailes d'un papillon a un rival : le petit brimborion a parfois des conséquences tout aussi colossales, même lorsqu'il est frêle et menu comme la sémillante marquise de Pompadour. Eût-elle eu la cheville moins fine, le visage de l'Europe en eût été changé. Au début de l'été 1743, Louis XV et la Pompadour se sont à peine rencontrés mais c'est déjà la passion. Ils s'échangent mille mots doux et mille brimborions d'amour. Les babioles quand elles sont royales peuvent atteindre des sommes folles. Parmi les cadeaux du roi, il y a le domaine de Brimborion, au sud de Paris, acquis pour surveiller l'avancée des travaux du château de Bellevue.

À l'origine la maisonnette s'appelait *Le Taudis* mais la maîtresse du souverain l'a si bien arrangée qu'il est devenu un vrai bijou, même s'il demeure une bagatelle par comparaison avec le château de Bellevue, inauguré un soir de novembre 1750. Malgré la grande pompe et les valets chamarrés de pourpre et d'or, c'est un fiasco : la fastueuse demeure est mal chauffée. Le marquis d'Argenson confie à son journal que « le roi est de plus en plus mécontent de Bellevue où il fait grand froid et de la fumée (toujours) ; il s'y est mortellement ennuyé... l'on assure qu'il n'y retournera pas, et qu'il sera purgé mercredi ». Le souverain préfère donc venir se réchauffer avec sa favorite dans l'intimité du petit Brimborion dont l'ambiance chaleureuse en fait le cadre d'une rencontre secrète en 1755 avec le comte de Starhemberg, l'ambassadeur d'Autriche en France. L'entrevue de Brimborion conduit à la signature du traité de Versailles en mai 1756, quand la France et l'Autriche s'allient. L'histoire tient à un fil et le renversement des alliances à un brimborion. Aujourd'hui, c'est le brimborion qui tient à un fil, le fil électrique du tramway francilien : tous les jours les centaines d'usagers entendent une voix d'ordinateur les prévenir de l'arrêt imminent à la station Brimborion.

… et un ciron

Plus petit encore que le brimborion, il y a le ciron, un insecte exceptionnel. Déjà, il ne vole pas car il n'a pas d'ailes : « C'est un insecte aptère », s'écrie le lexicographe qui veut faire son crâneur entre la poire et le fromage. La remarque est bien placée car le ciron vole nos aliments, dans lesquels il s'installe, particulièrement le fromage dont il est l'acarien.

De prime abord, le ciron n'est pas très sympathique. Il vit dans nos détritus et apprécie les endroits plutôt glauques. Dans *La Fièvre,* Jean-Marie Le Clézio décrit une « lourde citerne d'eau stagnante où couraient les cirons et les moustiques ». Le ciron est peu ragoûtant au point que son nom a été chipé par les médecins pour désigner la vésicule de la gale. Horrible ciron.

Parasite notoire, il s'attaque à nos armoires, à nos buffets, à nos charpentes. Il est alors le ciron du bois, que nous cirons puis que nous scierons. Personne n'apprécie le ciron, sinon les antiquaires qui vendent de vieux meubles percés de trous, du bois cironné. Tout cela n'en fait pas un insecte d'exception, et pourtant il est tellement minuscule qu'il a été longtemps considéré comme la plus petite chose vivante : « Dame fourmi trouva le ciron trop petit », précise Jean de La Fontaine.

Deux philosophes dont le nom est un prénom – Pascal et Alain – rappellent aussi qu'il existe toujours plus petit que soi. Dans ses *Pensées*, Pascal imagine que le ciron possède « dans la petitesse de son corps des parties incomparablement plus petites ». Plus fort encore, Alain parle des « cirons de cirons ». Ainsi, c'est grâce au minuscule animal qui habite nos fromages et nos charpentes que l'homme a pu toucher du doigt l'infiniment petit.

Avec l'invention du microscope, le microbe a volé la vedette au ciron qui n'a pourtant pas disparu. D'insecte concret, le sens a glissé vers le figuré et il est devenu le symbole de la petitesse : « Tu es un ciron dans l'univers », rappelle Jean-Paul Sartre quand *Les Mouches* bombillent à ses oreilles. « Tu es un ciron dans le dictionnaire », murmure le lexicographe en contemplant quelques mots endormis.

Les mots sont comme le ciron : tout petits, parfois oubliés mais jamais disparus. Porteurs d'un récit, d'une aventure, ils nous permettent de toucher l'infiniment grand : la belle histoire de notre langue.

En guise de bibliographie : les dieux des dictionnaires

Les dictionnaires aussi ont leurs divinités. Même si le terme de dictionnariste existe, les auteurs de dictionnaire préfèrent rester anonymes. Dieux cachés, ils s'incarnent à l'Académie depuis quatre siècles. Leur esprit dématérialisé habite la toile, notamment grâce à l'irremplaçable *TLFi*, le Trésor de la langue française informatisé, qui reprend l'édition papier terminée en 1994. Modestes et surpuissantes, omniscientes et omnipotentes, ces divinités n'ont pas besoin de se nommer dans leurs propres bibles.

Ces incarnations du Verbe ont de multiples attributs mais jamais un seul nom. Ils sont glossographes, savants chargés de recueillir des mots rares ou obscurs, mais pas uniquement. Ils sont des définisseurs, chargés de donner une définition, mais aussi des lexicographes, ceux qui recueillent le lexique et trient les termes aptes à rentrer dans un dictionnaire.

Ils sont aussi des jardiniers des mots, à la recherche de leurs racines dont ils donnent l'étymologie. À l'affût de nouvelles essences venues de l'étranger, ils veillent sur leur conservation et, à l'aide de néologismes et de francisations, ils tentent des croisements afin d'améliorer les espèces. Patiemment, inlassablement, par vents et marées, quels que soient les tumultes et les erreurs du temps, ils écoutent la langue et ils font vivre les mots. Ils sont souvent solitaires. Même s'ils préfèrent donner la vie, la mort dans l'âme, ils arrachent de notre culture les mots tombés en désuétude. Ils sont des professeurs qui nous offrent le cadeau de poser un nom sur nos idées confuses. Enfants, ils nous initient à la richesse de notre langue, avant de nous accompagner tout au long de la vie. Ils sont fidèles. Ils nous rendent meilleurs. Ils sont parfois un peu sectaires et sévères, mais ce sont de grands savants et de grands lecteurs. Ils sont toujours des amoureux des mots et, bien souvent, des génies. Parmi ces dieux, quelques-uns ont toléré de se laisser adorer sous un nom.

En France les premiers au panthéon des lettres s'appellent Nicot, La Curne et Furetière. Jean Nicot nous a laissé son *Thresor de la langue françoyse tant ancienne que moderne*, publié en 1606. Aux quelque cent mille mots que contenait son œuvre (bilingue français-latin), il en avait ajouté un : la nicotiane, ou herbe à Nicot, qu'il a introduite en France. Malheureusement, Jean Nicot avait avalé sa chique en mai 1604 sans voir son dictionnaire, publié deux ans après sa mort. Sacrifions quelques volutes à Nicot, dieu des pétuneurs, des vapoteurs et des dicos : ce dieu est un fumeur de havanes.

Quoique bilingue, le dictionnaire de Nicot est le père de tous les autres, à commencer par le premier dictionnaire de l'Académie française, initié une trentaine d'années plus tard. Parmi tous ces grands noms dont pas un ne mourra, citons Vaugelas qui à lui seul composa la majorité des entrées de A à I, puis Furetière, le diable de l'Académie. Banni pour avoir critiqué la lenteur de la première édition, il produisit son propre dictionnaire. Au dix-huitième siècle, citons Lacurne et Trévoux, qui, même s'ils restent des divinités mineures, méritent de ne pas être négligés.

Le Siècle d'Or des dictionnaires est le dix-neuvième siècle, avec les deux grands L, Larousse et Littré. Socialement, tout oppose Émile Littré et Pierre Larousse. Chez Littré tout fait office d'augure et de prophétie : fils de sergent-major (cela ne s'invente pas !), Littré est un lettré, un cacique classique qui étudie au lycée Louis-le-Grand, avant de devenir le secrétaire d'un académicien, Pierre Daru.

Larousse est issu d'un village de l'Yonne, fils de charron-forgeron, il s'est éduqué en autodidacte, d'où une œuvre surabondante et surprenante, aux tonalités champêtres, avec le *Jardin des racines grecques*, une *Monographie du chien* et une *Femme sous tous ses aspects*. Libertaire et un brin mégalomane, il se définit dans le dixième tome de son *Grand Dictionnaire du XIXe siècle*. L'étonnant est qu'il donne la part belle non à ses œuvres, qu'il se contente de lister à la fin de sa notice, mais à son enfance :

LAROUSSE (Pierre-Athanase), grammairien, lexicographe et littérateur français, né à Toucy (Yonne) le 23 octobre 1817. Fils d'un charron-forgeron, il passa son enfance dans son pays natal, et acquit dans une modeste école primaire les premières connaissances qui ouvrent l'esprit de l'enfant à la vie intellectuelle. Doté d'une nature inquiète, curieuse, et d'une grande activité d'esprit, il dévorait tous les livres que le hasard faisait tomber entre ses mains. Un colporteur passait-il par son village, vite il en était instruit par ses camarades, qui connaissaient sa passion, et la balle était aussitôt remuée, fouillée, bouleversée ; le jeune fureteur emportait alors dans ses poches indistinctement Voltaire et Ducray-Duminill, Rousseau et Pigault-Lebrun, [...] Paul et Virginie *et* La Clef des Songes.

Petit rat des champs, Larousse dévore les livres, tandis que le rat des villes Littré ronge tout ce qu'il trouve dans les bibliothèques. À eux deux, ils sont les Brett Sinclair et Dany Wilde de l'érudition, le notable et l'homme nouveau, le noble et le roturier, le lord et le *self-made man*, l'héritier des lettres et l'autodidacte, le classique et le moderne. Leurs dictionnaires s'en ressentent : Littré privilégie les auteurs anciens, Larousse ose y insérer ses contemporains.

Ils ont pourtant quelques points communs. D'abord, ils sont tous deux des crapoussins. Pierre Larousse, aux dires de l'écrivain Edmond About, qui l'eut pour pion, est « un petit homme trapu, à barbe fauve, aux yeux pétillants ». Quant à Littré, même photographié par Nadar, il est loin d'être un apollon. Véritables gourous des lettres, ils ont rapidement été environnés de patientes niguedouilles pour les épauler : il n'y aurait pas de Larousse sans Augustin Boyer avec qui fut fondée la Librairie Larousse. Il n'y aurait pas de Littré sans Louis Hachette (l'éditeur fut aussi en classe avec Littré) et sans Sophie Littré, sa fille. Ensuite, hommes de leur temps, ils ont tous deux foi dans le positivisme : Littré n'a interrompu la rédaction de son dictionnaire qu'une seule fois, pour écrire un ouvrage sur Auguste Comte. Monomanes des mots, ils ont sacrifié leur vie sur l'autel des lettres. Littré a signé son contrat en 1840, son dictionnaire a vu le jour en 1872 : il a connu quatre régimes politiques, la Commune, des guerres et des insurrections, mais dans son *Comment j'ai fait mon dictionnaire*, Littré ne relève que deux éléments historiques. Le premier lorsque son éditeur fut pris dans les émeutes de juin 1848 et le second quand il fallut interrompre l'impression durant la guerre de 1870.

Mastodontes de l'érudition, Littré et Larousse nous ont légué des monuments pour l'éternité. Jadis hommes de chair et de sang, Émile Littré et Pierre Larousse ont réussi le miracle de l'apothéose : ils ne sont plus des hommes mais leur grand œuvre, le Littré et le Larousse. À ces deux divinités, il faut ajouter quelques saints plus récents, à commencer par les Robert. Petits, grands, historiques, culturels, ils nourrissent et font fantasmer à tous les âges. Entre les mains expertes d'Alain Rey, ils connaissent un succès renouvelé.

Aujourd'hui, Larousse, Robert, les éditions de l'Académie, le TLFi, Littré sont nos dieux, les dieux des mots et de la République laïque : qui d'entre nous n'ouvre pas plus souvent un dictionnaire que la Bible ?

Remerciements

Par ordre alphabétique, merci à Manuel Carcassonne, Sylvie Delassus, Solveig de Plunkett et Capucine Ruat, détenteurs de tout un Stock de mots rares. Merci à Olivier de Solminihac pour son acribie et la finesse de ses corrections.

Merci aussi à Jean Nicot, César-Pierre Richelet, Claude Vaugelas, Antoine Furetière, Thomas Corneille, Jean-Baptiste Lacurne, aux membres de la Société de Trévoux, à Émile Littré, Pierre Larousse, Paul Robert, Alain Rey et tant d'autres, aux académiciens et aux rédacteurs du *Trésor de la langue française*, tous auteurs de fabuleux dictionnaires truffés de mots à réveiller.

Ce livre est aussi dédié à nos mamans, mot courant…

TABLE DE MATIÈRES

Le boire & le manger

Hors des sentiers battus

Les mots au pouvoir

Les mots des animaux

Passions divines

Cet ouvrage a été composé
par Nord Compo à Villeneuve-d'Ascq (Nord)
et achevé d'imprimer en octobre 2017
par CPI Bussière à Saint-Amand-Montrond (Cher)
pour le compte des Éditions Stock
21, rue du Montparnasse, 75006 Paris

PAPIER À BASE DE FIBRES CERTIFIÉES

Stock s'engage pour l'environnement en réduisant l'empreinte carbone de ses livres. Celle de cet exemplaire est de : 750 g éq. CO_2
Rendez-vous sur www.editions-stock-durable.fr

Imprimé en France

Dépôt légal : octobre 2017
N° d'édition : 01 – N° d'impression : 2032131
85-07-3458/2